組織変革のビジョン

金井壽宏

光文社新書

まえがき

ここしばらくの間、われわれが過ごしているのは、変わることを要求されることの多くなった時代だ。変化が時代の要請だといったほうが適切かもしれない。変化の時代に変化しないのは、変化ということそのものだ、というひともいる。しかし、受動的に変わればすむということだけではさびしい（それでさえ、難しいのだが）し、どんなに変わるなかでも揺らぐことのない基盤や自信、そして遺伝子のようなものを持ちたいものだ。

「なぜ変わらなければならないのか」と聞かれれば、わたしは躊躇《ちゅうちょ》なく、変わる機会があるおかげで、個人も組織も「一皮むけて」さらに成長・発達するからだと言いたい。変わることなく、変化をくぐるのは実際にはなかなか想像しづらい（もっとも、すべての変化がイコール、成長・発達ではないので、同じ変化といっても、良質な変化経験をくぐらないといけない）。

それが成長・発達につながる良質な経験であるために、変化は、「このままでは生存が危ぶまれる」という危機感だけでなく、「こう変われるならうれしい」という希望につながっていることがなによりも大事だと思う。確かに、生存できなければ、自分らしく生きることもできないが、個人も組織も、生存するためだけに生きているのではない。自分らしく生き、その組織でないとできない貢献をもたらすために生存しているのだ（もっとも、組織論のなかでは、組織の「生存価値」がしばしば議論されるが、それが究極の価値ではない）。

成長や発展を彩るひとつのキーワードは、危機（成長の節目で現れるクライシス）であり、もうひとつの言葉がアイデンティティ（自分らしさ、この会社らしさ）、さらにもうひとつの言葉が希望（ホープ）である。

アイデンティティの心理学を語ったE・H・エリクソンの残した概念的遺産のひとつは、言うまでもなく「アイデンティティ・クライシス」である。また、彼の漸成説と言われる生涯発達学説における発達の第一の節目、そもそも人生の始まりにある発達と美徳が「基本的信頼」と「希望」だ。

この本は、変革の本ではあるが、なによりも希望の本として受け止めてほしい。われわれは、自分が生まれてきた世界が、基本的に信頼に足るものだという感覚とともに、生涯にわたって希望を持って節目ごとに脱皮していく第一歩の歩みを始める。

きびしい時代だとよく言われてきたし、実際、人事面などでは雇用調整などきびしい施策もあった。しかし、思えば、アイデンティティは、そのような危機を通じてこそ形成されるものであることを、今、あらためて思い起こしたい。

情熱や使命とともに、将来を展望するビジョンは、このような希望というものと、非常に相性のいい言葉だ。「そこに行きたい」という熱い気持ちや情熱（パッション）、「なぜそこに行きたいか」を語る使命（ミッション）や夢、「そこはたどり着けばどのようなところなのか」を目に見えるように（ビジュアルに）描いたビジョン、「そこに行ける」という自信と勇気、「どうしたらそこに行けるかを示す」シナリオやステップ（足取りの展望）を持って進んでいきたいものだ。

変革はくぐっているときにはたいへんであっても、変革がかなったときに、それは、それを推進した個人にとっても、組織にとっても、かけがえのない経験となる。

個人のキャリアにとっても、組織の発展にとっても、変わることなく成長はないし、成長を伴うなら変革のたいへんさはそれに値する。変革期に滅びずに生き残るためだけでなく、逆説的なようだが、変革期をくぐるたびに、さらに、自分らしく、この会社らしくなっていくために。そのような希望を『組織変革のビジョン』という書名でお送りします。

目次

には抵抗がワンセットになっている／「変革を拒む33の憶見」／「われわれは平均化によってすべての知性を失う」／「王様は裸だ」と誰が言うか／集団で考えるほうが過ちをおかしやすい／団結だけでは大きな成果は得られない／意思決定の〝ゴミ箱モデル〟／やる気のあるミドルほど、無力感を学習しやすい／トップの危機感がミドルをなえさせる／「先行き不安」と「学習することの不安」／「温存のバイアス」をどう切り捨てるか／会社の不文律が変革を阻む場合もある／戦略的自律性と戦術的自律性／J・P・コッターの八つのつまずきの石

第5章　組織変革のリーダーシップ……155

長く正確なパスがよいパスとはかぎらない／頭脳明晰だけでは「すごいリーダー」とは思われない／価値を組織に注入するリーダーシップ／アジェンダ設定とネットワーク構築が大事。だけど……／嫌われても、正しいと信じることができますか／意外な発想や思いがけない情報を得る「弱連結の強み」／「恐れなかったひと」ではなく、「恐れを克服したひと」がリーダー／つねに変化していくのを善とするDNAを定着できるか／IQとEQを両輪に持つ／走りながら考えること／「いいアイデアだ」と簡単に

プロローグ　うちの会社も、どこの会社も

あなたは組織を変えたいと思っていますか

「組織」とか「組織変革」と聞いた途端、なにやらとらえどころのない議論に引き込まれるのではといった気持ちを持つひとが多い。そこで、「組織変革は組織を変えること、そのためにはそこに参加している大半の個人の発想や行動が変わること」とまず誰にも異論の挟《はさ》みようのない（それだけ常套《じょうとう》的な）定義をしておいて、組織変革への身近な話からはじめてみたい。

まず、「あなたは組織を変えたいと本当に思っていますか」という問いについて、正直に考えていただこう。その手がかりに、次の八つの質問に答えていただきたい。

Q１　あなたの会社にミッションやビジョンがありますか。

Q2　ミッションやビジョンは会社にとって、さらにあなたにとって必要ですか、不要ですか。
Q3　あるとすれば、それはなんですか。言葉にしてください。
Q4　その言葉は分かりやすいですか。思い浮かべるとワクワクしますか。
Q5　普段から口にしていますか。口にするとそれをめざそうという気になりますか。
Q6　ビジョンはビジュアルですか。つまり、数字だけでなく、具体的なありたい姿を伴っていますか。
Q7　「会社をこうしたい」という夢を、たとえば自分の家族に語っていますか。
Q8　そのために歩むべきあなた自身の第一歩を日々確認していますか。

さて、あなたの答えはどうだっただろうか。
今の八つの質問は「組織変革への意思」、平たくいえば「会社を変えたいという気持ち」の確認になるが、もっと分かりやすい「変えたいという気持ち」の確認法がある。それが「うちの会社は」というビジネスマン（ウーマン）なら誰もが口にする言葉だ。「うちの会社は」がなぜ組織変革に結びつくのか、それを次で考えてみたい。

「組織が変わる」というのは主語の間違いで、主語は、組織のなかの大半の人びとであり、とりわけ、あなた自身だ。だから、組織変革の問いは「組織は変わるか」でなく、「あなた自身が変わるか」という問いになる。

あなたは「うちの会社は」と言っていますか

どんな話題でもいいが、自分の会社を話題にするとき、あなたはときには「うちの会社は」と言っているだろう。しばしばそう言っているひともいるだろうし、いつも「うちの会社」と言うようになっているひともいるだろう。ただし、入社してすぐに「うちの会社は」とか「わが社は」と言うひとはいない。新人時代の希望に胸弾むういういしさと独特の緊張感、そしてどことなくしっくりこない違和感のなかで、「うちの会社」と素直に言えなかったのではないだろうか。

しばらくするうちに、ひとによって年数の差こそあるだろうが、「うちの会社は」という言葉が、自然に口をついて出るようになってくる。誰でもそんな経験を持つのだろうが、あるひとからこんな話を聞いた。

「入社三年目ぐらいのとき、飲み屋で先輩と仕事の話をしていまして、『うちの会社は』と何気なく出たんです。そうしたら、『お前も変わったな、これまではこの会社はと言い続けていたのに』と言われました」

それまで「この会社は」と言っていたひとは、そんな自分の変化に驚いたという。微妙な感情を抱いた、とも言った。「微妙な感情」というのは、それまで会社と一定の距離を置いていた自分が会社のなかに自然に入り込んだような、取り込まれてしまったような、あるいはそれまでの自分のアイデンティティを喪失したような感覚になる。

経営学者のメリル・R・ルイスによれば、新人とは知らないカルチャーと出会う（トレーニングこそ受けていないが）文化人類学者であり、その気になればエスノグラファー（民族誌作成者）だ。未知の文化に入って、とまどったこと、不思議に思ったことを書き記すことのできるひとがエスノグラファーだ。会社に入った新人はユース・カルチャーの世界から、大人カルチャーの世界に入る。同時に、会社にはコーポレート・カルチャーがあり、この意味からも新人は新しい文化と出会う。

会社に就職したひとは、二度入社式を迎えるようなところがある。一度目はもちろん学校を卒業した新人としての入社式、ルイスの「知らないカルチャーと出会う文化人類学者」の誕生である。二度目の入社式は、ある程度コーポレート・カルチャーにも慣れ、会社の内情やパワー・バランスにも通じた会社人としての旅立ちになる。「とりあえず入った」から「とうとうほんとうに入った」へと進んでいく。

二度目の入社式が、「この会社は」から「うちの会社は」という言葉の移行に象徴されることもある（し、さらにもっと先になることもある）。この入社式は、「自分にとっての会社」から否定的なニュアンスを抜きにした「会社にとっての自分」への意識変化と表現することが可能かもしれない。ただし、この第二の入社式を「ただのお仲間意識」のままで終わらせるひともあれば、組織変革への旅立ちにつなげてキャリア発達の機会にするひともある。だから、「うちの会社は」と自然に口をついて出たとしても、会社に取り込まれたとか、自分のアイデンティティを喪失したとネガティブに思う必要もなければ、自虐的になる必要もない。逆にいうと、「うちの会社は」というポジティブな発想がなければ、組織変革は生まれない。「うちの会社」と言えるひとは、その会社にいるひとだけなのだから。

あなたと会社の関係を円であらわしてください

おそらく、会社に入って一〇年以上も過ぎていたら、あなたはすでに「うちの会社は」という言葉が空気のように口をついて出るようになっているだろう。そのあなたに、自分と会社の関係を知るよい方法がある。

この話は『中年力マネジメント』でも紹介したが、かつて、ある会社の若手の研修で、早い時期から経営戦略の発想を身につけるのがよいという観点から、五日間で一〇ケースの戦略研修がおこなわれていたことがあった。それを引き継ぐ形で、わたしが研修プログラムのデザインを引き受けることになった。

そのときに、思い切って研修のコンセプトを変えた。受講生の声に耳を傾けると、一〇年間の自分を見つめつつ同期のネットワークを築いておきたい、という希望が圧倒的だったからである。研修プログラムを設計し直してコンセプトを「自己を見つめる」にし、このテーマに最もふさわしいのは臨床心理学者のはずなので、大阪大学教授の倉光修さんに来てもらった。

この研修で、いちばん深く印象に残ったことは、倉光さんが自分と会社との関係を円で描いてもらったときのことだった。この会社で一〇年をすごした受講者に、自分と会社の関係を二つの円で描いてもらうと、図1が最も典型的だった。

その円を見た倉光氏は、困ったような顔をされた。大学の講義で、自分と組織との関係を描いてもらうと図2のようになり、図1とほぼ逆になるそうだ。自分が組織（大学）より大

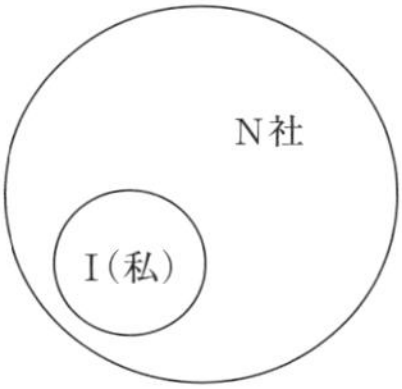

図1

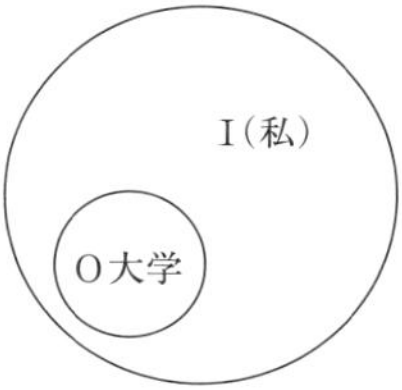

図2

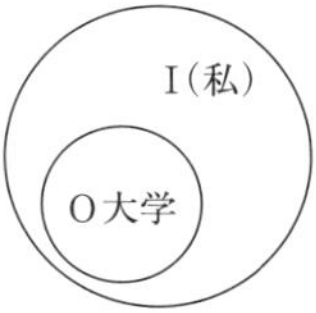

図3

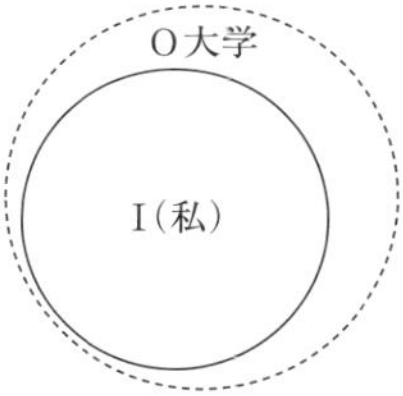

図4

きな円で、そのなかの一部に大学という組織がある。これが普通の姿らしく、もし学生が内側の円（大学）を大きく描けば、そのひとは心理学的にはだいぶ組織にやられているということになる。

図1は、会社というより大きな円のなかに、自分が小さく描かれている。組織が自分より大きな円で、自分は組織に取り込まれている。心理学的にいえば、組織にやられているレベルをはるかに超えてしまっている。

「自分の意思で気ままに振る舞える学生にとっての大学と、ビジネスマン（ウーマン）にとっての会社とは重みが違う」という意見もあるだろう。しかし、それなら重みの違う分だけ、図2の内側の円（組織）が大きくなっていればいいだけの話だ。

それでも図3のように学生が描けば、その学生の「私」という生活世界に占める大学のウエイトが高いことは大学人としてうれしいことだが、これがあまり大きいと、個人が大学という組織にだいぶやられてしまっていることになる。その意味では図3のようでも問題ないが、組織の中にすっぽり自分が入り込んでいる図1や図4は、どのように捉えるべきか。

なかには、図1よりも図2のほうが、会社人にとっても本来の姿かなと納得するひとも、もちろんおられる。しかし、「会社に入ったばかりの頃は図2のようだったかもしれないが、会社での責任が重くなり、家族も成長するにつれて、自分というものの占めるスペースが小さくなり、図1のようになった」と、述懐されるひとも少なくない。

今、会社と自分を二つの円で描くとして、皆さんの円はどんな形になるだろうか。そして、学生時代を振り返るとき、円はどう描かれるだろうか。皆さんがどういう円を描かれたか、キャリア発達の研究から非常に興味深い。

愚痴の裏面には希望がある

先の研修で描いてもらった円と学生時代に描く円を見るとき、図1では、会社という、より大きな円のなかに個人の円があった。こうした図を描くひとの多くからは、そろそろ「うちの会社は」という言葉が聞かれるようになる。なかには、その言葉が空気のように、新人時代の抵抗感もなく、四〇年も五〇年も前から親しんでいた慣用句のように湧いてくるひともいたりする。

そこで、興味があるのは、「うちの会社は」という言葉の裏にどんなニュアンスがあるのかということだ。コーポレート・カルチャーに慣れ、社内事情にも精通した段階をさすとすれば、この表現にプラスの意味もあり、希望が感じられる場合もある。しかし、この表現は、多くの場合は経営や事業への不満、人事をはじめとするさまざまな制度への不満ではないだろうか。慣れ親しんだ対象に、その世界に慣れ親しんだひとが不満をもらすときに「うちの……」という言葉がつい出てくる。そうしたさまざまな不満がパッチワークされ、「うちの会社は」といった愚痴になってあらわれてくる。

この愚痴というのが曲者《くせもの》で、愚痴はすべてマイナス要因というわけでもない。愚痴（なんとなく湿っぽい声）というのとボイス（高らかに言いたい声）とでは違いがある。あまりに個人的で独善的な愚痴は例外として、だいたいの愚痴はそれまでの会社の経験が母体になっている。ポロリとこぼれる愚痴は、会社の抱えている問題点を端的に指摘している可能性があり、同じ愚痴が聞かれれば聞かれるほど、こぼされる問題の大きさを示す。だから、「たかが愚痴、されど愚痴」である。

愚痴には漠然とした夢、現状では実現不可能に思える欲望の部分が背後にある。フロイトは、夢は隠された欲望の変形された充足であるという考えを示した。コインに裏表があるように、一方を愚痴とすれば、もう片方は希望になる。

会社に勤めているのであれば、愚痴も出る。経営者だって愚痴ることはある。愚痴は働くひとすべての権利かもしれないし、愚痴れば癒《いや》されることもある。だけど、それだけでは少しさびしすぎないだろうか。愚痴は働くひとの権利というのであれば、希望も語ってほしい。愚痴をこぼすのであれば、夢の部分もごまかさずに語ろうではないか。

最近、愚痴が多くなったというひとは心配しなくていい。それだけ夢の種子が増えたと考えればいいわけだが、愚痴のなかにどれだけ夢の種子、夢の要素があるかをチェックしていただきたい。その愚痴を箇条書きにし、冒頭の八つの質問と比較してみるとよいと思う。あなたの夢がそこから立ち上がってくるはずだ。

夢に向かっていくビジョンが絶えてはいけない。かつてビジョンという名の作文に疲れたひとは、作文ではなく夢を実現するようすがとしてビジョンを持って語ろう。ビジョンというだけでは広すぎてことの本質を捉えていないと思えるようなら、もっととぎすましたビジョンを描こう。

組織変革に、愚痴と不満、それから危機感は不可避的にともなう。でも、それだけでは、変革し続けるエネルギーとその方向づけに困る。

組織変革のビジョンを、この本を手に探り、仲間と議論してほしい。ときに「うちの会社は……」と言ってしまってもよいが、「われわれのめざすべき会社は……」とも語っていこう。

第1章　個人にとって組織とはなにか

政治的システムとしての組織

組織変革を考えるために、組織とはなにかという問いから変革の旅に出かけることにしたい。

組織は実はポリティカル（政治的）なシステムだという考えに立つひとがいる。組織がどこに向かっていくかは経営トップ（神々）の争いで、神々が目的、ミッション、ビジョンを決める。それらが決まったあとが、法律で判断し実施していく行政学に近い世界になる、という。

しかし、あとでも触れるように、組織にポリティカルな要素がまったくないとはいわないが、経営トップ（神々）の争いですべてが決まり、あとのひとたちは、能率よくそれを実施するだけとはかぎらない。

トップが大きな絵を描き、人びとを巻き込み、ミドルがその絵と両立する自分なりの絵を描き、さらに若手を巻き込んでエンパワー（元気づけ）する。そこで、顧客との接点である現場で顧客が喜んでくれる真実の瞬間が起こり、それが上にフィードバックされて会社もトップも元気になる。

今のわたしはこうした組織観も持っているが、経営学の歴史は、ながらく科学的管理法を提唱したＦ・Ｗ・テイラーの影響で、組織とは上から言われたことをきちんとやるものだという世界観に支配されていた。たしかに、それは、組織がいったん決められたとおりにしっかり動くための礎石《そせき》ではある。テイラーの考えは、モチベーションの面では「経済人モデル」と呼ばれ、簡単に紹介すると、「経済的報酬のいかんによって、人びとの行動は変わる」という人間観になる。

こうしたテイラーの組織論は古臭いといわれているが、その伝統はＩＥ（インダストリアル・エンジニアリング）に装いを変えて今も生きている。ドラッカーは最も影響力のあった経営学説の提唱者としてテイラーをあげるし、経営学者に先達の影響力の大きさを投票してもらうと、テイラーは、ダントツの一位となる。

彼の組織論が経営学の基本中の基本とすれば、組織のそもそものキーワードは安定、秩序、プログラムといったものになる。しかし、だからといって、組織変革とはそもそもの基本の組織観に逆らうものだと思う必要はない。なぜならテイラーがおこなったことも、その時代における大組織変革だったからだ。

なにしろ、テイラー以前には「標準」というものを、測定し設定するという発想すらなかった。よりよく働けば、それは標準を上回ったとみなされず、標準そのもののレベルがひき上げられ、したがって賃金が実質下がってしまっていた。いわば、以前は「成行管理」だった。そこから「科学的管理」への移行は、大変革であった。

組織にしても、目的がある。しかし、組織の目的という言い方も実は言葉のアヤで、目的をつくり出したり、それに関して合意したり行動する主体は、あくまでも個人になる。現実的には力を持つ一団の人びと（「支配的連合体」——たとえば常務会や役員会、その他の経営幹部会など）が目的を織り込んでいかないと目的は具現化していかない。

支配的連合体がつねに一枚岩であるとは限らない。別の目的を重視する別の一団が力を蓄える可能性もある。そうなると、組織は否応なしに政治的システムの色彩を帯びるし、クーデターや革命が起こることもある。社内ポリティクスというとネガティブな響きになるけれど、「政治システムとしての組織」という組織観も否定できない。

組織は安定しているほうが不安定

組織をポリティカル・システムと見れば、実は、安定しているほうが例外的事態になる。本田宗一郎さんの右腕だった藤沢武夫さんに、『経営に終わりはない』という著書がある。その藤沢さんは、「万物流転」という言葉を折に触れて語ったそうだ。「万物流転」はヘラクレイトスの有名な言葉だが、浜松の小さな町工場だったホンダを世界のホンダにした実質的な創業者のひとりが、組織のキーワードを安定ではないとしていたことは興味がある。

組織が絶対的に安定したものではないことをさらに一歩進めるとどうなるか。

『C&Cは日本の知恵』という名著をあらわした日本電気の小林宏治さんに、「安定こそ不安定であり、不安定が安定である」という名言がある。一橋大学の野中郁次郎先生が、この言葉をよく引用されていた。

この「安定こそ不安定であり、不安定が安定である」という見方は、あとで詳しく説明するカール・E・ワイク（異色の組織論学者で、ミシガン大学教授）的発想だと言える。

ワイクは「実際に動いている組織化の過程は、移ろいゆく流れ、混沌、不安定、動詞に近い」と述べている。絶対に傾かない船は沈没するが、傾く船は沈没しないといったようなもので、安定していると潰《つぶ》れ、不安定だから安定する。なにかジャイロコンパス的な感じがある。

ワイクがこうした組織論を持ったきっかけのひとつは、ユトレヒト・ジャズ・オーケストラの研究にあるといわれている。ユトレヒト・ジャズ・オーケストラも組織に違いない。どういう意味で組織かと考えると、なにがいい演奏かということと、いい演奏をするためにはどうしたらいいかに関して、楽団員の間で頭のなかの地図がそろっていることにある。

その地図がユトレヒト・ジャズ・オーケストラのぎりぎりのレベルの組織活動であって、特別にできあがったいわゆる型にはまった組織があるわけではない。演奏が気に入らないと、簡単にメンバーを入れ替え、へたすると解散する可能性もある。にもかかわらずバンドが続いているというのは偉大なことだ。不安定のなかで前進している。そこには動詞に似た絶えざる組織化（organizing）のプロセスがあると考えたことから、ワイクの組織論が誕生している。

火事場では自然に協働が起こる

どの経営組織論のテキストでも紹介される古典的な組織の定義に、C・I・バーナードの定義がある。バーナードは、「組織とはふたりもしくはそれ以上の人々の意識的に調整された活動や諸力の体系である」と言っている。

バーナードは、ニュージャージー・ベルの社長まで務めた実務家で、日本におきかえていうと、旧電電公社の支社長のような存在だったと考えていただけばいい。「親方日の丸」的になっているはずの組織で、そのトップが流動的で柔軟な組織観を提出しているのはおもしろい。

バーナードはハーバード大学などに招かれて経営とか組織の講義もしていて、社会学者のL・J・ヘンダーソンと交流があった。その影響もあってかあるいは元からの持味なのか、学者以上に抽象的な思考をして理論的にも非常にすぐれた書籍を著したが、根底には経営者としての経験がある。

バーナードの見方では、組織図だけが問題ではない。いかにして協働が生じるかが問題になっている。たとえば、石を動かすことを考えよう。ひとりで動かすには石が大きすぎる場合、複数の人間が協力してそれを動かすしかない。複数の人びとの間に協働が生まれるためには、石を動かしてなにをするかという「共通の目的」と、その目的に向かって「協働する意思」と、そのプロセスを支える「コミュニケーション」が必要になる。バーナードは、この三つを組織が成り立つための要素と考えている。

彼の組織観は、『経営者の役割』のなかで提唱されているが、出版当時の時代背景にも注目したい。原著の出版は一九三八年で、翌三九年にはナチス・ドイツがポーランドに侵入し、第二次世界大戦が勃発した頃だ。刊行当時のアメリカは戦争に巻き込まれようとする状況にあったわけで、戦争への協力目的でつくられた臨時の組織、あるいは自分が所属しているコミュニティでの活動組織がバーナードが組織観を形成する際に念頭にあったとも考えられる。バーナードの組織観にピッタリくる「にわか組織」として、いつも学生にあげる例示がある。

何事もなく講義が進んでいるとき、バーナードの定義では、教室は組織ではないかもしれない。先生と生徒、生徒どうしの間でクラスにいる目的がちがうかもしれないし、コミュニケーションというには講義はしばしばワンウェイで、何に協働しているのかも定かではない。けっこうひとりひとり気持ちの上ではバラバラのときさえある。

しかし、講義中に教室でボヤが起きて、誰かが「火事だ、火を消せ」と叫んで消火活動が起こったとしよう。そうするとふたりもしくはそれ以上の人々が意識的に、活動に参加することになる。消火という共通目的と、その目的のためのコミュニケーションが生じる。消火活動に協働する意欲もそこにはある。

まさにバーナードの定義どおり、目的がパッとできて、臨時のようではあってもいきなり組織的活動がおこなわれる。そう理解すれば、バーナードの提示した組織観はかなり機動的な組織観ともいえる。

火花を散らすコラボレーション

組織が協働の場であるという視点から組織を考えると、協働の最小単位はふたりになる。隣に座っているひとが協働の相手かどうかは別にして、何千人、何万人の会社であっても、ふたりの関係から協働ははじまり、組織もはじまる。

数年前、いろいろなところでコラボレーション（協働もしくは共創）という関係のあり方がもてはやされていた。コラボレーションという言葉があまりにお手軽に使われすぎているきらいがあったが、ひとが集まってなにかをやれば即「コラボした」といえる筋合いのものでもない。『マインド・ネットワーク』のなかで、いろいろな例をあげながら、マイケル・シュレーグは、本当のコラボレーションでは協働する相手どうしお互いに火花を散らすぐらいでないとダメだと主張している。

シュレーグがあげている例のなかに、ピカソとブラックの関係がある。このふたりは将来的にはかなり異なった画風を確立するが、ある時期、お互いに模写しあっていたという。オリジナルな部分はかなり違うから、わたしの素人なりの個人的な想像にすぎないが、対象の捉え方とか、捉えた対象をどうカンバスに乗せるか、あるいはその画家独特の線と面の表現方法といったところに模写の意味を発見していたのではないかと思う。

依存でも一方的なほれこみでもない協働としてのコラボレーションとは、言葉を変えると「切磋琢磨《せっさたくま》」ということにもなるだろう。DNAの二重らせん構造を発見したJ・D・ワトソンとF・H・C・クリックも、火花を散らすようなコラボレーションの世界に生きた。ふたりはお互いの才能を嫉妬するくらい激しくやりあいながら、しかし協働していた。その火花と協働が、ふたりを二重らせん構造の発見に導いた。

いまだに不思議に思うのは、ビートルズの曲のクレジットのほとんどがレノン・アンド・マッカートニーになっていることだ。解散したあとのふたりの作風を見れば、ビートルズ時代の曲もレノン・アンド・マッカートニーとはなっていても、どれがジョン・レノンの曲で、他のどれがポール・マッカートニーの曲かまずほとんど分かる。ジョンが好きなひとはビートルズの解散後にジョンがひとりで書いた曲のほうがいいと言うかもしれないけれど、ポールとの共作でなければ書けなかった曲もたくさんあるはずだ。だから、ビートルズのヒットナンバーやスタンダードになりつつある名曲のいくつかは、ジョンとポールのコラボレーションがあったからこそ誕生したものだと思う。

コラボレーションとは、違った考え方、違ったアイデア、違ったイメージ、違った発想法の出会いといえる。その個性の出会いをなんとか丸くおさめてしまおうとするのではなく、お互いの個性をぶつけあい、火花を散らす。そうしたときに、イノベーション（変革）やエボリューション（進化）が起こる。

経営の世界にも、ソニーの井深大《いぶかまさる》と盛田昭夫、松下電器の松下幸之助と高橋荒太郎、HP社のデイブ・パッカードとウィリアム・ヒューレット、マクドナルドのレイ・クロックとハリー・ソンネボーンのように、コラボレーションの例がかなり多い。会社という組織でせっかくコラボレーションするのであれば、個性の出会いから生じる意味にも期待したい。

本書は変革をテーマにしているけれど、変革プロジェクトにかぎらず、毎日の仕事も空間的にはそうしたコラボレーションの場であり、時間的には個人的にも組織的にも大きなインパクトを持つチャンスの連鎖であることを銘記していただきたいと思う。

組織のDNAも聖域ではない

やや組織から話が外れたが、ひととひととは言葉や感情で交流する。共通の前提やものの考え方が生まれ、間主観的に共有されるようにもなる。それが人間文化とすると、企業で働くひととひととの間にも文化がある。企業文化（corporate culture）とか組織文化（organizational culture）と呼ばれるものがそれで、組織とひと、あるいは変革と組織という場合にはこのテーマへの目配りも欠かせない。

組織文化を理解する手がかりとしては、『組織文化とリーダーシップ』のなかでE・H・シャインが提出したアイデアが有効だろう。シャインは、組織文化の理解・解読には文物(artifacts)、価値観(values)、仮定(assumptions)の三つのレベルがあるという。この三つのレベルは、とくに、仮定に近づくほど目に見えない「組織の遺伝子」とか「会社のDNA」に近づいていくと考えていい。

第一のレベルの文物とは、もしも一〇〇年後に「二〇世紀の会社の社風博物館」がつくられたとすれば、そこに実物、あるいは模型や写真などの形で展示される目に見えるモノだ。たとえばホンダの大部屋の重役室、中庭に置かれたブロンズ像、創業者が揮毫《きごう》した社訓の額、創業当時の写真、経営理念の書かれた巻物などがこれにあたる。

しかし、その組織で働く人びとに一歩ふみこんで組織文化が持続的に影響を与えるのは、文物そのものではなく、その文物があらわしている価値観になる。これが第二のレベルだ。

最後の第三のレベルの仮定とは、「らしさ」と表現できるような内容になる。たとえば、トヨタでも松下でも、一〇年さらに一五年もいれば、つまり、「うちの会社」と言ってしまい始める頃には、大半の成員の間に、内面化されて当たり前と思われている前提、疑問視することのなくなった仮定や発想法が形成され、それらはより深いレベルでの組織文化の一要素として共有されるようになっている。それがトヨタマン（ウーマン）らしさとか、松下マン（ウーマン）らしさになったりもする。警察組織の現場であれば、警察の組織文化ゆえに、内部者はやがて警察官らしく発想したり、振る舞ったりするようになる。

シャインのこの考えを組織変革に引きつけると、二通りの考え方ができる。ひとつは、どんなに組織が変わっていくときにも、へそのようにというか、魂のように変わらない部分があったほうがいいという考え方だ。

たとえば、組織がどれほど変わっても、トヨタにはトヨタウェイというDNAがあり、ソニーにもソニーのDNAがある。

もうひとつは、残念ながらそのDNAに近いレベルの仮定の内容が環境に合わなくなることもある。そうした場合、最も深いレベルでの前提、あるいは今はまだ表面上はうまくいっている暗黙の仮定であっても、それを変えることが、組織文化にまつわる経営者のリーダーシップになる。組織の大半のひとが当然視している仮定が環境にそぐわなくなったとき、いちはやくそれを見抜くのも、経営者のリーダーシップだ。

会社の大きな節目では、聖域を残さないという意味では、すべてを変えうるし、そうしなければならないと言われることが多い。しかし、基軸まで変われば、会社はカメレオンのようになる。アイデンティティの問題として、どれほど組織が変わってもＤＮＡとして不動の部分が必要だし、ＤＮＡの影響が広範で深いときに、これまでのことにこだわれば大変革など望めない。

まさにアンビバレント（二律背反）な状態、ＤＮＡだから残すべきか残さざるべきかとハムレット状態になるが、このときシャインの指摘した前提が浮上してくる。「当たり前と思っている前提や仮定」が基軸以外のところでも残存して、変革を阻みかねない。逆に、ＤＮＡも変えなければならないといったときは、これまでの前提に代わってなにが新しい基軸になるかという大変に微妙な問題が生じてくる。組織変革で、ここが最もしんどいポイントになる。

「声なき忠誠心」は「発言する忠誠心」に変われるか

開発経済学者のＡ・Ｏ・ハーシュマンは、『組織社会の論理構造』（原著は『*Exit, Voice, and Loyalty*』というタイトル）のなかで、組織と個人のかかわり方として、「退出、発言（告発）、忠誠心」の三つのオプションを示している。

退出（exit、出口でもある）とは、文字通り「やめる」ことをさす。従業員であれば退社、株主であれば株の売却、消費者ならその会社の商品を買わなくなることに相当する。たとえば、高輝度青色ＬＥＤを開発した中村修二さんは、自らの自負と会社の自分への評価との差があまりに大きいので、日亜化学工業を退社してしまった。

これに対して、発言（voice、告発でもある）は、やめてしまわずに、言いたいことをきちんと声に出すことだ。その組織を少しでも変革しようとする企てに役立つ声もあるが、耳に痛ければ無視されることもある。一見、ネガティブな告発のなかに、組織を浄化する希望が潜んでいる。プロローグで「愚痴を言う権利もあるけれど、希望を語る義務もある」と言ったのは、まさにこのことにかかわっている。やめるひとが最後っ屁《ぺ》で発言すれば、退出と発言（告発）がセットになる。

ノーベル賞に輝いた田中耕一さんは、いろいろなところからスカウト話があったというが、島津製作所にとどまった。このような場合、通常は次に述べる忠誠心のケースであろうかとまず考えがちだが、そうでないこともある。その後の経緯を見ると、田中さんに発言を求める意味で、会社側が相応のポストを用意したとも言えそうだ。そのような憶測が正しいかどうかは別にして、一般に組織にとって不可欠の人材だと思われているほど、発言はしやすいはずだ。

ハーシュマンの枠組みの中では、「矯正可能な組織の衰退」という言葉がキーワードになっている。退出と発言に気づくことによって、組織が矯正され、よみがえることもある。退出（商品を買わなくなることや退社）はこのままではその組織はダメということの間接的な表明で、発言は退出より積極的な表明になる。退出は市場メカニズムにかかわり、発言は政治的メカニズムにかかわってくる。ちなみに出入り自由なのが市場で、声を出さないと生きていけないのが政治だ。

また、企業という組織は、家族や教会、国家といった集合体に比べると、退出しやすい集合体になる。と言っても、社員であれ、顧客であれ、株主であれ、忠誠心が存在するときには、企業組織からの退出のコストは経済的にも心理的にもそこそこ大きくなる。とくに従業員にとっては、長くいた組織のもつ意味合いは大きい。別の言い方をすれば、愛着があるからその組織を能動的にやめないというのが忠誠心の証しになる。

忠誠心（loyalty、愛着でもある）は退出を食い止める機能を持っているけれど、逆説的に、忠誠心の存在証明は退出の可能性の存在を前提とする。たとえば、退出が強制的に禁じられている刑務所や閉鎖的な矯正施設では、忠誠心のために退出しないのではないことを考えればわかるだろう。

では、忠誠心があれば、衰退が防げるような発言がおこなえるのか。ハーシュマンは、「組織を個人の力で変えられる」「組織が変わるのならそのまま組織にいてもいい」という二つの条件が満たされれば、忠誠心は発言を活発にすると楽観的に主張する。

しかし、現実のミドル・マネジャーには、忠誠心はあるが、自分たちの力では組織はなかなか変わらないという無力感が蔓延《まんえん》している。そのため、米国ラトガース大学の社会学者チャールズ・ヘクシャーが『ホワイトカラー・ブルース』で指摘したように、「声なき忠誠心(voiceless loyalty)」に陥っているミドルが多くなってしまっている。

いくら忠誠心があっても、「声なき忠誠心」のままでは組織変革への起爆剤にならない。「声なき忠誠心」が退出に流れずに「発言する忠誠心」にどう変わるか、あるいはどう変えられるかは組織変革の大きなテーマになる。

この会社が好きだからこそクビをかけても文句を言う従業員、この商品が好きだからあえてへぼな商品のモデル・チェンジがあったら、面倒をいとわず文句を言う消費者が(voiceless ではなく voiceful な) 変化の担い手だ。

会社に居続けることには、善玉と悪玉コレステロールに似たところがある

ハーシュマンの三つのオプションのなかの忠誠心と関連する、コミットメントという言葉がある。かかわり合いとも訳されるが、悪く言えばしがらみだ。「情感、継続、規範」の三つを組織へのコミットメントのあり方を説明する要素とみなす考えがある。この三次元の構成はJ・マイヤーとナタリー・アレンのアイデアで、第一の情感は説明不要だろう。組織が嫌いであればコミットしないし、ハーシュマンの言葉を使えばさっさと退出してしまう。

第二の継続コミットメントがいちばんおもしろく、かつ困る。コレステロールには善玉コレステロールと悪玉コレステロールの二種類があるように、この二つの側面にはそれに似ているところがあるからだ。

たとえば、「ホンダが好きだ」と愛着を持つコミットメントは美しい。これが善玉コレステロール的な愛着によるコミットメントだということになる。しかし、もう一〇年も一五年もホンダにいるから、他社に移ったら損するとか、今さら転社するのは面倒とか、会社探しにもコストがかかるとか、他社で通用するスキルがないとか、年金がポータブルではない（持っていけない）といった理由でホンダに居続けるのが、悪玉コレステロール的な継続コミットメントになる。居座りに近いものが、ここにはある。

第三の規範的コミットメントは、わりと無害であることが多い。たとえば松下のような会社に入れば、かりに息が詰まりそうなところはあっても、少なくとも最近までは、よほどのことがないかぎり、そう簡単に辞めようとはしない、人を大切にする会社であった。いったんご縁があって入ったら、経営者も人事も、そして家族も自分も勤め上げるのが美徳で規範と思えるような会社は今日たしかに少なくなった。しかし、長くいるのが規範だと思って生まれるコミットメントがこの第三のタイプだ。

いちばんポジティブな規範的コミットメントならば、たとえばカルロス・ゴーンが日産のリバイバルのための「必達目標」という意味でコミットメントという言葉を使った例、その目標に達しなければ自ら辞めると言ったことが印象深く記憶に新しい。たんに「居座る」のと違って、その規範に誇りを持って言質を与えるという、善玉コレステロール系のコミットメントになる。

規範的コミットメントは、ポジティブ（善玉コレステロール系）にもネガティブ（悪玉コレステロール系）にも取れる。その理由は、「こんなにいい会社だから辞めないのが当たり前でしょう」が規範的コミットメントの本質だからである。

「いい会社だから」を強調すれば、誇らしいが、どんないいところでも、かりに天国でも、いったん入ったら「やめないのが当たり前」と言われたら、囲われている囚人のようでもある。後者を強調するとネガティブになる。コミットメントという言葉にネガティブなイメージを持って語るひとには、継続的コミットメントにもどこかでつながる形で規範的コミットメントに注目してそう言われることが多い。「だってやめないものでしょう」とか「ここまできたのだからやめてたまるか」という心理のコミットメントは「しがらみ」と訳すのがよい。「会社に魂を売ってしまった」ようなひとを見ているとそういう気持ちになるせいだろう。

ハーシュマンによる個人と組織の三つのかかわり方にしても、マイヤーとアレンによる三つの組織コミットメントにしても、組織が変わることに対する含意がある。そのいちばんの理由は、組織が変わるといっても、個人が変わらないと組織は変わらないことにある。個人と組織のかかわりについてのすべての発言は、組織変革を考えるうえの第一歩になると考えていただきたい。

組織と個人は〝心理的契約〟

日本でもっと評価されてもいいと思いながら、なかなか十分に注目されていない学者のひとりに心理的契約の概念を提唱した米国カーネギー＝メロン大学のデニス・ルソーがいる。心理的契約に言及した研究者は他にもいるが、ルソーの研究がいちばんきちんと整っているし、考えさせられるところが多い。

ルソーの心理的契約というアイデアは、なぜ契約なのに心理的なのかという問いを惹起《じゃっき》する。契約書を交わしている場合でも、組織と個人のかかわりは基本的には心理的な約束事になる。あえて契約と呼ぶにしても、心理的契約と呼ぶほうがふさわしい。だから、アメリカのような契約社会でも、組織と個人のかかわり合いを定める雇用契約は、本質的には心理的なものとして経営学では扱われている。

そうとうていねいな雇用契約を結んでいても、その契約書のなかに、電話帳のようにAからZまで雇用関係のすべてを記述することはできない。すべてを記述しようとすると契約書が膨大なものになり、作成するのにコストがかかる。もし長い契約書をつくったにしても、フェリーに乗るときの運輸約款と同じように、人間のかぎられた情報処理能力からすると全部にしっかり目を通す道理がない。乗船するとき、沈んだときにはどうなるのか、いちいち保険の定款を読むひとはまずいない。

また、ある会社に入って就業規則を読まないまま二〇年在籍するひともいるかもしれないが、ひとによっては、一年で退社するかもしれない。そんなひとりひとりに、膨大な雇用契約をつくってはいられない。たとえば、「入社して五年以内に思った事業分野に配属されなかったら、二回クレームをつけられる」といったようなことを、就業規則で明文化できるわけがない。

心理的契約は組織文化と通底する部分もあるが、普通は文書化されたり、それについて大声で議論されたりすることはない。だから、リストラのような大きな組織変革や人事変革で今まで当たり前と思っていた心理的契約が破られた場合以外には、約束違反だと声を荒らげることはまずない。

しかし、雇用制度や人事の仕組みが大きく変わるときには、これまでの約束が破られたと思うひとが当然出てくる。たとえば、よもや雇用調整などしないと思われてきた、ひとを大切にすることで定評のある会社でそれが起こったとき、「今まで頑張ってきたのはそんな仕打ちに遭うためではないのに」とか「部長になったら降格はない。課長の間さえがんばったら、あとは部長で楽できるのを楽しみに身を粉にして働いてきたのに」と、ほとんどのひとが腹立たしく思うことで幕が閉じられる。こんなときに、ハーシュマンの注目する発言（告発）が姿をあらわしやすくなる。

心理的契約が雇用関係の大きな要素であり、その違反は由々しいものだ。だから、心理的契約の不履行についての研究もある。一橋大学の守島基博さんに、希望退職を募ったときの日本の退職金とアメリカのリストラ時（レイオフではなく）の退職金を比較した研究について教えてもらったことがある。その研究では日本のほうがその金額がかなり高い。「高いということは、悪いことをしたという意識が裏にあるのではないか。その契約違反料が金額に反映されている」と、それらの研究から守島さんは示唆されている。

大学時代の先輩で松下電器に三〇年以上勤務されたあるひとが、「早期退職勧奨金の額にはグラッときた」と漏らしていた姿を思い出す。もちろんこれは会社都合の退職のケースで、自己都合の退職では、会社側に「悪いことをしたという意識」がないために契約に上乗せはない。

早めに退職したらふつうは損なことで、退職金も少ない（教え子のひとりから教えてもらった話だが、ほんとうに短く四～五年で辞めたら、「退職金は誤差レベル、冗談のように安い」そうだ）。これが日本企業のこれまでの現実だったが、会社都合であれば早期退職でもかなり手厚い退職金を出すようになっている。その裏には、悪いことをしたという心理が働いていると読むことがまったく唐突なようには思えない。しかし、それをしないと敢行できない組織変革が存在するので、経営者の判断は、しばしばジレンマを伴う。

他方で、自分の経営責任は問わずにやたらとリストラをする企業を出さないためには、手厚い額というのは、心理的契約を少しでも尊重するために大切な条件と言えるかもしれない。

組織とは組織図ではない

ここまでいろいろな組織の考え方、組織と個人のかかわり方を紹介してきた。そこで、基本的な質問をひとつだけしたい。

「組織というとき、あなたはどんなものを思い浮かべるでしょうか」

これが質問だが、組織図を思い浮かべたひとはいないだろうか。実務家と話していて、組織というとすぐに組織図の報告関係を思い浮かべることが多いことに驚かされる。ハコ（組織図に代表されるような命令・指示、報告のフォーマルな経路）をつくってつなげれば組織についての議論を尽くしたかのように誤解しているケースが少なくない。

たしかに、誰に直属しているのか、どの部下から報告を受けることになっているかは、組織のなかで仕事をこなしていくうえで大切なことだ。組織は階層状であるために、ハコごとに問題を局所化しながらも、他方で必要なところには伝えるべきことを円滑に伝えていく。

そのためのガイドラインとして、組織図はしばしば有益になる。また、水平な分業のあり方もハコの形に反映される。

また、組織をどのような姿にするかの議論が重要になる場面もある。組織の違いは組織図に投影されるので、ハコ組織観がまったく無意味とか勘違いと断言できない。この意味から、組織図とハコ組織観はしばしば有益になる。

しかし、組織とは、たんなるハコモノではないし、組織変革とは、組織図を変えるだけで達成されるものでは、けっしてない。ハーバード大学のＪ・Ｐ・コッターが『ザ・ゼネラル・マネジャー』で指摘したように、あるいはコンサルティング会社のＡＤＬの会長だったＲ・ミューラーが『企業ネットワーキング』で述べたように、いい仕事をする力のあるミドル・マネジャーやトップなら、組織図と両立するけれども、それとは別個の自前のネットワークを会社のなかに（当然、社外や社会にも）つくり出している。そして、後者のほうが、組織図よりもよほど組織と呼ぶにふさわしいということもありうる。

そうしたネットワークに関して、ＭＩＴ（マサチューセッツ工科大学）のマイケル・ピオーレの話をいつも思い出す。ピオーレは労働経済学の大家だが、デジタル・イクイップメント社（ＤＥＣ）が健在だった一九八〇年代のＭＩＴでの講義で黒板に線がグジャグジャにつながった姿を絵に描いて、「これがDEC社の組織図だ」と言っていた。それを見て、「皿の上のスパゲッティのようなネットワークなんだ」と自ら言っていたのを印象深く覚えている。ピオーレの話から、二つのことが読み取れる。ひとつは、固定的な組織図だけでは運動体としての組織を語ったことにならないこと、もうひとつは、組織図とは別個のネットワークが組織図の示す報告関係とともに併存しうることである。R・M・カンターが指摘したチェンジマスター（変革の中心になるミドル）とか、変革の達人と呼ばれるようなひとであれば、行動のプロセスで、また結果として形づくられた社内外に延びたネットワークがある。それが、ネットワーク型のピオーレの組織観になる。

自ら志を持って組織のなかで活動するとき、とりわけ変革が必要とされている時期には、組織図より、自前のネットワークのほうが役割が大きい。変革を考えているあなたであれば、組織図と両立する自前のネットワークがどれぐらい張りめぐらされているかをチェックしてみることも有意義だろう。

第2章　なぜ組織変革が必要なのか

危機はつねに内部に存在する

組織とは、一度デザインすれば、そのままの形で永久に生き続けられるものではない。だから、生き続けるために会社を変える、組織変革をおこなうことになるのだけれど、なぜそのままの形で生き続けることが難しくなるのか。

カルロス・ゴーンは、『カルロス・ゴーン　経営を語る』のなかで、「企業が困難に直面するのは、いつもその企業自身に原因があります。もちろん経済環境も無関係ではありませんが、問題の根源はつねに企業自身にあるのです」と言っている。

瀕死のＩＢＭを再建したルイス・Ｖ・ガースナーの『巨象も踊る』を読むと、当時のＩＢＭがどんな問題を抱えていたかが手に取るように分かる。

「大きな会議室に案内されて本社経営会議に出席した。本社の経営幹部が五〇人ほど集まっていた。……会議に出席していた男性が全員、白いシャツを着ていたのが印象的だった。例外がひとりいた。わたしだけ、ブルーのシャツを着ていた。ＩＢＭの経営幹部としては常識を大きく逸脱する服装だったのだ（何週間か経《た》って、同じ会議があった。私だけが白いシャツで、他の全員が色物のシャツだった）」

日産でもＩＢＭでも、問題の根源は社内にあった。同じような結論が、ある時期のデュポン社の改革で出されている。「根本的な問題は販売上の問題ではなく、組織の問題である。原因はことごとくわが社自身のなかにある」という診断がそれだ。ピエール・デュポンはそのように診断したのだった。

デュポン社はもともと黒色火薬の会社で、南北戦争や第一次世界大戦で巨富を築いた。しかし、さすがに戦後は、火薬が戦時ほど売れなくなって、過剰設備問題に悩み始めた。そのときに初めて化学を基盤とする多角化が課題となり、火薬以外に塗料、染料やニスなどを真剣に手がけだす。

小口商品販売をはじめたものの、デュポン社は壁に突き当たる。これまで火薬の分野で慣れきった大口の一括販売と、多角化した分野で要請されるパッケージグッズ販売との間に決定的な相違があったのだ。多額の黒色火薬を大量に軍隊に売る場合と、もっと安価な塗料や染料を日曜大工で求めるひとに少しずつ売る場合は、販売方法がまったく違う。産業財でも、大工さんは軍隊が火薬を買うようなロットでは買わない。

しかし、デュポン社の千分の一、万分の一といった小さな塗料会社が利益をあげている。その分野で当初は利益をあげられなかったデュポン社は調査をはじめ、組織のつくり方を間違えていたことに気づく。そこで出された結論が「原因はことごとくわが社自身のなかにある」というもので、このことを契機にデュポン社は事業部制への組織変革をおこなっている。当時、ピエール・デュポンが経営者で会長職にあり、他にデュポン家の人間が経営陣にいた。分権化して事業部を中小企業のようにするとなると、「染料だけで会社にしてどうするの」といった規模の経済からの反対意見、「研究所をどうするのか」といった意見が同族のなかからあがる。そこで、研究所を一事業部に付属させると弱体しすぎるから、研究所はコーポレートレベルにするべきかといったような議論が重ねられる。結局、デュポン社でも事業部制の実施までには一年半も要している。

このデュポン社をはじめ、四社のケーススタディを通じて事業部制の成立過程を見事に分析して見せたのが、歴史家のA・D・チャンドラーJr.の『組織は戦略に従う』である。そして、この詳細なケーススタディから得られた結論を、「組織は戦略に従う（Structure follows strategy）」という有名で簡潔な命題に結晶させた。

今、企業が問われ、実行と解決を迫られている問題にはいろいろなものがあるが、組織の変革戦略がその大きなひとつであることは間違いない。このような思想に支えられているならハコモノの変化にも、深い意味があり、組織の大半のひとの発想と行動を変える起爆剤となりうる。

成熟した企業には衰えだけが待っている

元ゼロックスのハワード・シュルツは、シアトルのコーヒー屋で味わったコーヒーをおいしいと思い、全米、果ては世界中にその味を広めようと思った。そこから世界のスターバックスが誕生しているが、シュルツがそう思わなければ、「シアトルにおいしいコーヒー屋がある」でスターバックスは終わっていたはずだ。

同じような前例が、マクドナルドだ。レイ・クロックという名前を知らなくても、マクドナルドを知らないひとはいない。マクドナルドはマクドナルドというひとがつくったと思われがちだが、マクドナルド・コーポレーションの創立者がクロックである。

たしかに、マクドナルドのハンバーガーが最初に売り出されたのはロサンゼルス郊外のサンバウナディーノのドライブインで、リチャードとモーリスのマクドナルド兄弟が経営していた。しかし、マクドナルドという名の店をファーストフード業界の雄に育てあげたのはクロックで、彼こそがファーストフード・レストランのアイデアを最初に持ったひとりだ。

当時、クロックは今でいうマックシェークにあたるものの製造機（マルチ・ミキサーと呼ばれる）を売る中年のセールスマンで、マクドナルド兄弟のドライブインの大繁盛に驚く。

そしてそれを全米に広めたいというビジネスのアイデアを得る。クロックは、マクドナルド兄弟がローカルに数店つくったハンバーガー・ショップのチェーン拡大に乗り出し、大成功を収める。

しかし、マクドナルド兄弟は地元での成功でそれなりに豪勢な生活ができ、キャデラックを乗り回せるようになるとそこで満足した。クロックは、マクドナルド兄弟とは違った。ハンバーガーのチェーン・ビジネスの成長性に着目したクロックは、いきなり全世界的ビジネスになるとは思わなかっただろうが、少なくとも全米に拡大できると考え、兄弟のドライブインを除く全チェーン店の経営権を買い取った。そのときの言葉が、「未熟なうちは成長する。成熟すれば、あとは衰えるだけだ」である。

クロックはドライブインのいかがわしさを一掃して清潔にし、業務マニュアルをつくって品質とサービスの標準化とスピードアップも実現し、ビジネスを拡大した。メーカーであればやっているようなことを、レストランの世界でも実現しようとしたことになる。

自己組織化という視点でいくと、ネガティブ・フィードバックがない点にクロックに気持ち悪さを感じないでもないし、マクドナルドはつねに際限ない拡大指向でよいのかという疑問もある。とはいえ、Q（品質）とS（サービス）とC（清潔）が最高の形で結びついてV

（価値）が誕生するというクロックの経営方針は、彼の死後も受け継がれている。

　ジョン・ラブに、『マクドナルド』という一九八七年に書かれたよい本があった。マクドナルドに関して、いまだにそれを超える本は書かれていないと思うが、ハリー・ソンネボーンという財務と不動産に詳しい右腕がいて、成長の裏にはソンネボーンの存在も大きかったようだ。

　マクドナルドの成長と歴史は、日本マクドナルドもそうだったように、つねに拡大のプロセスであった。藤田田さんが日本マクドナルドの会長だったとき、「アメリカは直営店が二割でフランチャイズが八割なのに、日本は逆になっていますね」と言ったら、「逆になっているんじゃなくて、そうしているんです」と言われたことを思い出す。

　アメリカでは直営店が見本にならないと、フランチャイジーが買ってくれない。アメリカの二割の直営店はフランチャイジーに権利を買ってほしいための存在だった。日本の直営店比率の高さは日本マクドナルドがそれだけ積極的に出店攻勢をかけた証拠になる。しかし、そのことが今では負の財産になっているところもある。強みを築きつつ、過去の強みをチェックするのは、難しい。少なくとも勢いをそぐことなくチェックするのは。

永遠に成功し続ける商品はない

「どんな会社のどんな製品であっても、永遠に成功し続けることはない」

これはゼロックスの社長ジョセフ・ウィルソンの言葉だが、永遠に成功し続ける製品があれば、その製品を製造している会社には、永遠の継続が担保される。しかし、そんな会社はありえない。

もう少し具体的な話をすると、電球はエジソンによって発明された。エジソンにとって幸せなことに電球は現在も続いているが、電球生産だけに頼っている会社は生き延びられない。永遠に成功し続ける商品はないということは真実に近い。製品のライフサイクルが長い製品があっても、ライフサイクルはいつか終わる。だから、新製品を出す。そのために製品ラインアップの面での変革が必要になってくる。

三洋電機の創業者である井植歳男は、こう言った。

「今開発した商品が一品も売れなくなる研究をせよ」

成功した経営者でも、永遠とは言わないまでも、自分の代の商品が持続するかのように思っている部分があり、新しい領域に出ていくときに、間違った発言をすることがかなりある。

たとえば、ＩＢＭ創業者のトーマス・ワトソン・シニアは、自分の息子のトーマス・ワトソン・ジュニアが資本金の数倍もの投資をしてシステム３６０をつくったとき、「世界で二、三台は売れるかな」ともらしたと言われている。ＤＥＣ創業者のケン・オルセンは、「家庭にパソコンが入ることなど絶対にない」と断言したと言われている。

オルセンには、大学でも会社でも、メインフレームコンピュータを扱うひとがあたかも司祭のように振る舞い、エンジニアが直接コンピュータに触れないことへの不満があった。そこで、マイクロバックスというエンジニアが直接触れられるマシンをつくる。自分もエンジニアであり、エンジニア向けのマシンという考えが抜きがたくあった。だから、パソコンがふつうの家庭に入るなどとは夢にも思わなかった。それが断言調の発言の素地になっている。

その後、ＤＥＣはコンパックに買収され、そのコンパックがＨＰに買収されているが、パソコンで出遅れた。出遅れたうえ、社内で調整せず、発売してから市場淘汰させればいいと三機種の発売に踏み切る過ちもおかした。

ＤＥＣはＥ・Ｈ・シャインがコンサルタントをしていた会社だ。世界中がＩＢＭ－ＰＣの時代になっても、しばらくＤＥＣのレインボーというマシンがシャイン先生の机の上に置かれていたことが思い出される。

性能はスピードに敵わない

ジェイソン・ジェニングスとローレンス・ホートンの『ハイスピード・カンパニー』に、ウェイン・グレッツスキーの言葉が紹介されている。グレッツスキーは「アイスホッケーの神様」と呼ばれたひとだが、「あなたをそこまで偉大な選手にさせたものはなにか」と聞かれてこう答えている。

「たいていの選手は、パックに向かって進む。わたしはパックのいき先へ進む」

氷の上を高速で滑走するパックのいき先へ進むためには、予測も、他の選手よりもすぐれたスピードも要求される。ひとより数秒でも早く自分のスティックにパックをとらえられるグレッツスキーの能力が、アイスホッケーの神様という称号に結びついた。

企業社会も、パックの奪い合いのようなものだ。すぐれたライバルは、変革の必要性と重要性を認識してすでに着手している。あるいは、変革を成し遂げて、ライバルよりもパックの先に進む術を獲得している。

「ビジネスにおいて、六カ月早ければよかったということはあっても、六カ月遅ければよかったということはまずない」

このジャック・ウェルチの言葉は、日立とGEが大型医療機器の開発競争でGEが勝利を収めたときの言葉と伝えられている。この競争で明暗を分けた要素は、スピードだった。

時代が激動すればするほど、消費者の求めるものも変化する。その変化に対応するために、経営の意思決定のスピード化、製品開発のリードタイム短縮、スピードアップが必要になる。これも変革の大きな要素になる。

大型医療機器の開発で、日立はトップ・プライオリティ（最優先課題）として高性能を標榜し、ＧＥは開発と製品化のスピードを掲げた。ＧＥがスピードを重視したことは、ジャック・ウェルチの考えでもある。どれほどすばらしい戦略や製品を紙の上のプランに描いても、ライバルに時間的な遅れを取ることは企業にとって致命的になりかねない。そのことが、ウェルチにはよく分かっていた。

ＧＥの製品が先に完成し、半年後に日立の製品も完成する。高性能をめざしただけに性能的には日立製品のほうが上だったと言われているが、日立が市場に目を向けたとき、市場は先に販売活動を展開したＧＥのものになっていた。

組織の変革には、経営の意思決定から製品開発に至るまでのスピードという要素もある。市場の優位性はスピードだけが決定するものではないが、スピードに勝るものが真っ先にゴールテープを切り、頭に桂冠をいただく可能性もまた高い。

ひとは「無能レベル」まで昇進する

『中年力マネジメント』（前出）でも紹介したが、ローレンス・J・ピーターに『ピーターの法則』（共著）というベストセラーがある。

ピーターの法則をひと言で言えば、「組織に所属する者は、インコンピテエンス（無能）レベルまで昇進する」というものだ。「インコンピテエンス」を「無能」と訳すのはややいきすぎかもしれない。無能という言葉にはきつすぎる響きがあるので、「やがてうまくいかなくなりますよ。皆そういうものですよ」程度に考えればいいと思う。

この言葉が印象に残るというひとに多く出会ってきたが、そうしたひとにコメントを求めると、二通りのタイプがある。ひとつは、自分がとうとうこのレベルに達したかというタイプのコメントで、もうひとつは、無能レベルに達するほどチャレンジングな仕事を部下に与えられているかどうかが気になるタイプのコメントである。

無能レベルの兆候のなかに、机の上に書類や本が収集つかないほど積み上げられて混乱しているとか、以前のようには電話での要求の処理などをどんどんやっていないという窮境《きゅうきょう》がある。電話は今日ではeメールに置き換えてもいいだろう。

放っておくと無能レベルに至るまで昇進するとなると、会社も社会も無能なひとであふれてしまう。そこで、「頂点までいっても有能なひとはいるじゃないか」という反論が予想される。

この反論に、ピーターなら、「違う世界にいけば無能レベルに達する」と言うだろう。たとえば、ビル・ゲイツがマイクロソフトを出て政界に入ればどうか。そこでも成功したら、今度は宗教界に入ったらどうか。どこかで無能レベルに達するのではないか。アラン・ドロンは俳優の世界で頂点を極めたけれど、ビジネス界や政界では成功しなかった。だから、「ある世界の頂上で有能であっても、別の社会へ横滑りを繰り返せばやがて無能レベルに達する」と、ピーターは言う。

今までこの話をしてきたとき、ここで終わっていた。しかし、「一皮むける経験」のリサーチを通して、もうこれ以上になると無能レベルと感じるようなギリギリの修羅場を乗り越えたとき、ひとはまたより高いレベルに挑戦できるようになると言えるようになった。

組織変革がなぜ必要かという文脈から一皮むける経験をとらえると、組織のなかの仕事は固定的ではなく、絶えず変化するし、しばしば高度化していく。万物流転だ。よりチャレンジングなものが出てくる。現在の製品は永遠が担保されているものではなく、その製品だけではやっていけないことを考えると、新製品の企画・開発自体がチャレンジになる。そのチャレンジは朝飯前、お茶の子さいさいというわけにはいかないから、悪戦苦闘しながら一皮むける。

また、「インディビデュアル・コントリビューター」と英語では言われる「担当者」のレベルの仕事から、ひとを束ねているけれど、与えられたことをきちんと皆にやってもらうマネジャーに移行するステップがあり、さらに自分で絵を描いて（権限に基づいてではなく）、変革のシナリオを練り上げてそれを実行するリーダー・レベルへの筋道がある。その筋道の節目節目にはいつも無能レベルがあり、そこで一皮むけるかどうかが大きなポイントになる。

節目でつまずいたら、そこでさらに先へ続いていたはずの筋道からは脱線し、無能レベルに陥る。しかし、最初は、「できるわけない」と思ったような修羅場をくぐってこそ、一皮むけるというのも事実だ。

個人の営業数字では神様と言われた。けれど、ひとに動いてもらうのが下手だった。そのため、営業所長をやったらうまくいかない。結局、一匹狼のまま「偉大なセールスマン（ウーマン）」で最後までいくひともいる。

しかし、その途上で一皮むければ、世界が変わる。それが唯一の発達の筋道だとは言わないが、マネジャー、リーダーとなって、組織や社会に大きな足跡を残すこともありえたはずだ。一皮むけて他の人びとを通じてことを成し遂げることができるようになったとしたら、マネジャーに脱皮できたことになる。マネジャーの立場上、予算、報奨制度、インセンティブプラン、出来高給、あるいはもろもろの仕組みのお陰で他の人びとが動いてくれている。そう思っていたひとが、今度はとうとう新規事業をプランニングするようにもなる。まして自分が言いだしたプランということになると、目の色も変わってくる。

いくつになっても一皮むけていくためには、逆説的かもしれないが、無能レベルに達したという認識が必要かもしれない。「自分は無能レベルに達した」という厳しくて目をそらしたい認識をもつことから、次のレベルへの挑戦がはじまる。この挑戦から現在の無能レベルとの決別がはじまり、この挑戦からそのひとのキャリア発達につながる一皮むける経験がつむがれる。

会社を手っ取り早く知るためには組織を変えてみること

ここまでは変革の必要性に触れたが、「変革しようとする気持ち」自体の有効性もある。心理学者のＫ・レヴィンに、「ひとから成り立つシステムを理解する最良の方法は、それを変えてみようとすることである」という言葉がある。アイオワ大学、コーネル大学、MIT、ミシガン大などで名をはせたレヴィンは、ナチス時代にベルリンからアメリカに亡命している。レヴィンがナチスという国家レベルのシステムを理解するために、それを変えようとしたかどうかは定かではないが、米国に行ってからは、集団、組織レベルにおける変革のためのアクション・リサーチに着手した。先の言葉は彼の名言のひとつではないだろうか。

たとえば、NTTのひとが自社を理解しようと思えば、NTTを変えてみようとするのがいちばんいい。会社では大きすぎるから移動体事業を知りたいと思ったら、移動体事業を変えようとしてみればいい。その過程で、「あの人間は邪魔する。ここには応援が要る。こういう仕組みがある。こういうタイプのリーダーシップが有効だ」とかが見えてくる。

そうしたもろもろの要素が明確に見えてくれば、当初は変革への意思がそれほどなくても、変革への第一歩を踏み出したことになる。あとで触れるように、それは変革の地図を手に入れたことにほかならないし、地図さえあれば、山と谷がくっきりと見えてもくる。

組織を変えようとすること、あるいはその気持ちと試み。それがひとから成り立つシステムを理解する最良の方法であれば、「わが社を知るために変革は要る」ともいえる。変革を起こそうとする気持ちが組織の成り立ちをつまびらかにし、現実を照射する。そして、知ることが変わることにつながるときに、それは、役に立つ知識ということになる。

変革を考えるとき、手ごろな変革デザインをして、そのデザインによる衣をまとえば変革がうまくいくわけではない。自社に本当に必要な変革、身長と体格に合ったオーダーメイドの変革をおこなうためには、まず等身大の会社をよく理解しなければならない。本に書いてあるようなお仕着せの変革プログラムをそっくり移植するのではなく、自分の会社を変えてみようとする地点からスタートしてはいかがだろうか。

適応は適応力を阻害する

「うちの会社は順調にいっている。環境を的確につかまえて、うまく適応しているから、大きな変革は必要ない」と考えているひとがおおぜいいるとしたら、その会社はいずれ危なくなる。そう考えているひとは、「適応は適応力を阻害する(Adaptation precludes adaptability)」というカール・Ｅ・ワイクの名言を噛みしめていただきたい。

担当者（インディビデュアル・コントリビューター）、マネジャー、リーダーという先に述べた区別でいくと、営業担当者として五年間予算どおりの数字を達成し、そのうちの二回はＭＶＰに輝いたひとが、第一次選抜で営業所長に昇進したとする。ただし、さすがにいちばん小さい営業所で所員が四人しかいない。彼らを見て、「この四人に売ってもらうぐらいだったら、スーパースターである自分がひとりで売ったほうがいい」と思えば、ひとりで売って成績を上げていた前段階への過剰適応によって、所長として脱皮していくための適応力が阻害されてしまっていることになる。

マンモスはマンモスという形で、氷河期に適応しすぎた。恐竜は大きな図体という形で、ジュラ紀とか白亜紀に適応しすぎた。人間でも、受験期をうまく生き抜くことに過剰適応したひとが、大学生活にはうまく適応できず、そこに意義を見出せないといった例はそこかしこにある。しかも、適応というのが一応ポジティブな言葉であるだけに、よけいに始末が悪い。

ちなみに、A・H・マズローも適応というのにネガティブな意見を示した数少ないひとりだ。適応というのは周りに合わせるということで、これがすぎると自己実現にはマイナスだと、『完全なる経営』で指摘している。

だから、あるひとがある会社に入って非常に適応していれば、組織にやられているんじゃないか、と疑ってもよい。自分を貫くものがあれば、組織に対してどうしても多少ギスギスするぐらいのほうがいいということになるかもしれない。その会社でうまくいった人が他の会社で勤まりにくくなっていたら、それも「適応は適応力を阻害する」という一例になる。

重要な点は、適応と適応力の違いを知り、区別する必要のあることだ。たとえば、宅急便をはじめる前のヤマト運輸を例に考えてみよう。百貨店の外商と家電メーカーの商品を運ぶ委託運輸業を中心にもっとうまくやる、合理化でうまくやることが適応になる。

しかし、それだけでは埒《らち》があかなくなったときに、まったく違う事業でもやれるかというのが適応力になる。そのとき、三越や伊勢丹、そごうといった百貨店の外商と、家電メーカーの製品を関西から関東に運ぶことに慣れっこになっていてそれを変えることができなければ、適応力は阻害されていることになる。

適応と適応力には時間軸が入ってくる。短期の適応と長期の適応力。既存の事業で今適応していないと滅びてしまうこともある。しかし、目先の適応だけを見ていると大きな環境変化のときに滅びる。適応しつつ適応力を温存する、温存させるためにはなにが必要か、ともに非常に難しいテーマだ。

個人でも、ある一定期間ある世界に根詰めて適応しすぎたら変わりにくくなってしまう。パッと状況が変わって異質の事態になったとき、そこに適応していないひとよりも、適応しすぎているひとのほうが適応力が落ちている可能性がある。そのためにも、大きな異動を伴う一皮むけた経験とか、辛酸を舐《な》めた体験を持っているひとのほうが、新しい異質の事態に適応できる可能性がある。優良企業といわれる適応力の高い会社には、思い切った異動をやるところが多いと言われてきた。あえてそうした異動をおこなう理由が、いま述べたことと関係があるかもしれない。

業績が順調に伸長している経営者、あるいは会社に適応して仕事がスムーズに運んでいるひとは、自戒の意味も込めて、オフィスの壁にこんな標語を張ってはどうだろうか。

「今やっていることがとてもうまくできるということが、他のことでもチャレンジすればうまくできるという気持ち、根性、発想法、実験主義精神を阻害する」

第3章　変革を動機づける

「未達の課題」がひとを動かす

組織変革は、最終的には、その組織にいる大半の個人の発想と行動パターンが変わらないと実現しないと述べた。この章では、個人の発想と行動パターンが変わるためには、どういう要素が必要なのか、表現を換えれば、どういう状況が個人の発想と行動パターンを変えるのか考えてみたい。

誰かを巻き込んで変革を実行していくというとき、実行者は人間で、その影響を受けるのもまた人間だ。だから、ひとはどういった理由で動くのか、どのようなモチベーションや欲求がひとを動かすのか、どのような感情が変革にプラスのベクトルになり、どのような感情がマイナスのベクトルになるかを考えなければならない。

K・レヴィンの「未達の課題（unaccomplished task）」という考え方がひとつのキーワードになる。彼がアメリカに亡命する前、当時のベルリンの研究所はヴォルフガング・フォン・ケーラを所長に仰ぎ、ゲシュタルト心理学派が占めていた。その頃のレヴィンの研究テーマのひとつが「未達の課題」の想起がもたらす心理的効果だった。

レヴィンは、やる気のあるひとを「緊張下のシステム（system-in-tension）」という言葉で形容し、個体が動くのは、その個体のなかにある緊張感ゆえだと考えた。未達の課題を思い出すからひとのなかにテンションが起き、ひとが動くと考えたのだ。

珍奇ではあるが、とてもわかりやすい例として、レヴィンは手紙を投函する際の心理と動きをあげている。

大切な手紙を投函するつもりで、内ポケットに入れて家を出たとしよう。秋晴れで今日は機嫌がいいなと思えば、いったん手紙のことを忘れる。しかし、郵便ボックスが目に入ると、「あっ、なにか忘れている」とハッとして、内ポケットの手紙に手が向かう。この動きを司るのが、「未達の課題」の想起である。

もし手紙を出すつもりの日でなければ、郵便ボックスを見ても、なにも思わなかっただろう。秋晴れの散歩気分のままで、リラックスできる。しかし、そこに未達の課題が絡んでくると、郵便ボックスの存在がそのひとにテンションを起こし、課題の達成に向けて動機づけてくれる。そして、手紙を投函した段階で「手紙を出す」という未達の課題はなくなり、緊張がリリースされる。そのことで、ポストを見ても手を動かすアクションはもう起こらない。

「三年に一枚はＣＤを出します」というアーティストと「曲ができたときにＣＤを出します」というアーティストを比べると、どちらにモチベーションが高いかは自明だ。

また、エンジニアにとって、打ち込む対象は製品開発かもしれない。いい製品が開発できたらホッとするが、思うようなものができない場合もある。ガッカリすればエネルギーにつながらないが、それを未達の課題として緊張感を持てば新たな動きにつながる。レベルの高い製品の開発に挑戦する意欲も湧くだろうし、成功も期待できる。

ゲーテの名作『ファウスト』の「悲劇第一部」は、「いやはや、これまで哲学も、法律学も、医学も、むだとは知りつつ神学まで、営々辛苦、究めつくした」ではじまっている。

それでも「昔と較べて少しも利口になっておらず、満ち足りない気持ち」になるとすればなにを課題にすればいいのか。ファウスト博士にしてそうなのだとしたら、と普通のひとは途方に暮れるところもある。でも、これは戯曲の世界。現実の世界であれば、未達の課題を思い出して緊張感を持てば、ひとは頑張れる。

「未達の課題」はレベルアップする

この「未達の課題」と「システム・イン・テンション」とセットになっている概念が「要求水準（aspiration level)」である。これはなかなか美しい概念で、レヴィンがつくった最も重要な概念ではないかと思う。

分かりやすい例をあげれば、跳び箱を四段しか跳べなかった子供が、未達の課題だった五段が跳べるようになると緊張がリリースされる。そこで、その子供は満足し、もう跳び箱には動機づけられないかというとそうではない。六段跳ぶやつがいるのを知った途端、「六段に挑戦する」と要求水準があがり、再び未達の課題ができてくる。

会社に目を転じると、利益目標を一〇〇〇億にしたいと思っている経営者がいるとして、現状は八〇〇億しかいかない。そのギャップを新規事業で埋めようと思うとか、トータル・コストリダクション運動を実施しようとか考える。いろいろな活動で八〇〇億の利益が目標値の一〇〇〇億になる頃には、ライバル社が一二〇〇億を達成していることもある。自分たちの履歴を見て八〇〇億を一〇〇〇億にできたのだから、次は一二〇〇億を目標にしようといったとき、要求水準があがっている。要求水準は、他のひと（や組織）のパフォーマンスのレベル、および自分の過去から今までのパフォーマンスの変化によって、影響を受ける。

要求水準は、達成を重ねると時間の関数で高まっていく。今までできなかったことができるようになったときには、しばらくするうちに、要求水準そのものがあがっていることに気づく。未達の課題が達成されたら、緊張感がなくなって満足し、そこで終わりだと心配することはない。ひとは、無限の可能性に挑戦していく。さらに、よりレベルの高い水準が目標となれば、再び未達の課題に直面する。

変革の文脈でいえば、ミシガン大学のノール・ティシーが「ゆでガエル」の比喩で指摘したように、現状に満足してこのままで大丈夫だと思ったら、なにも起こらない。新製品の開発でも、利益目標でも、ギャップがあってこそひとが動くということは、テンションがひとを動かすというレヴィンのモデルから説明される。

そのいちばん濃いテンションが、「このままだったら会社は滅びる」という危機感になる。変革の動機づけに危機感をあげる人は少なくないし、経営者は「このままでは生き残れない」といった危機感をあおりがちだ。危機感が変革の大きな動機づけになることは真理だが、危機感は馬鹿力を出す出発点としてはいいが、持続するエネルギーにならない。

そう考えるとき、たとえば過去四年の間に導入された新製品から収益の三〇%を稼ぐという3Mの方法など、かなり巧妙な変革の手法に映る。しばらく前、3Mの方針は「五年以内の新製品から収益の二五%を稼ぐ」だった。ハードルが厳しくなったわけだが、この水準がクリアーできていなければ「新しいことをしていない」という危険信号が出るとか、「自分にとって新しい課題はなにか」を考えさせられるようになる。

経営者は、ただいたずらに危機感をあおるのではなく、ビジョンを追求してほしいというのが本書の基本主張だが、危機感については、滅亡の危機を超えた後も、組織のなかに未達部分のあることを検知する業績評価の仕組みをつくったり、未達の課題を想起する強度とめざすべき要求水準（アスピレーション・レベル）をあげたりすることに配慮すべきではないだろうか。そうすれば、皆のがんばりで最悪の淵は超えているのに、相変わらず、「わが社は危急存亡のときにある。だから、諸君に頑張ってもらいたい」と口角泡を飛ばさなくても、つねに変革を継続するエネルギーの芽が育つ。テンションも高まる。これにビジョンが加わるとエネルギーは、もっと前向きなものになる。

不満解消のためにひとは動く

変革への動機づけには、現状への不満もあるだろう。

経済学者のノーベル賞受賞者は多いが、経営学者ではH・A・サイモンしかいない（その受賞も、経済学分野での彼の業績が評価されてのことだ）。サイモンは、組織を一種の情報処理システムとしてとらえる組織観を提唱したひとりで、K・レヴィンから要求水準（アスピレーション・レベル）の概念を引き継いでいる。

サイモンには「現状への不満解消こそが探索をはじめさせる」という説があり、「不満足→探索仮説」と呼ばれている。あえて卑小な例であると承知して、不満足→探索仮説の分かりやすい例をあげてみよう。

新居を探すような場合、不動産屋である物件を紹介される。その物件を実際に見ると、この物件でどれくらいの生活が実現できるかの見込みが立つ。一方で、自分はどれくらいの生活がほしく、そのためにはどういった物件が必要かという要求水準がある。その両方を天秤にかけて要求水準に手元の物件が達していなければ不満が残り、そこからさらに新しい物件の探索がはじまる。

経営に即していえば、経営には利益目標があり、現有の事業だけを伸ばしていってもその利益目標に達しないことがある。これは組織（経営トップ）にとってのひとつの不満で、そこから不満を解消するために新規事業や赤字事業の見直しといった探索がはじまる。

サイモンの仮説は、「現状への不満が探索をはじめさせる」というだけにとどまるものではない。「不満」のあとに「解消」の文字があることに注目していただきたい。サイモンの仮説を組織変革に応用すると、「不満だけでは現状は変わらない。不満の解消へのテンションが変革をはじめさせる」ということになるだろうか。

プロローグで愚痴の話をしたが、ほとんどのひとは会社なり、仕事に愚痴をこぼす。愚痴が不満の表明であることはいうまでもないが、オダをあげて不満をあげつらっているだけでは、探索（変革）ははじまらない。不満を解消しようとして初めて、探索（未来に向けた変革の旅）がはじまる。

そのときに、「愚痴をこぼす権利もあるけれど、希望を語る義務もある」と言っておいたのを思い出していただきたい。語られる希望は、不満の解消された後にもめざすべき未来である。ただ、希望を実現するにはまず、当面の不満を解消することを出発点におく必要がある。ただ愚痴をこぼすという現状に停滞しているのではなく、どうすれば不満を解消できるか、さらに、未来にむけての希望をビジョンに織り込むかを考えることが変革の探索をはじめるきっかけになる。

変革の敵は自分の中にもいる

Ｋ・レヴィンがナチス・ドイツからアメリカに亡命したとき、大勢のアメリカの社会心理学者が周りに集まった。

当時のレヴィンの研究に、子供を対象にしたアイオワ実験と呼ばれるものがある。この研究は、専制的リーダー、民主的リーダー、自由放任型リーダーによって率いられている三つのグループで、どのグループでパフォーマンスが高いかをリサーチしている。その結果、パフォーマンスは専制的リーダーでそこそこいいのだが、リーダーがいなくなると、爆発したりさぼったりする。ロングランでは、民主的リーダーがいちばんよい結果が出ている。この研究は、ナチスの時代にアメリカに亡命したレヴィンならではのすばらしい研究だと思う。

レヴィンの伝記に、日本人の学者がふたりだけ登場する。そのひとりである九州大学の先生のところに、アイオワ実験を日本で追試しないかという話がレヴィンからくる。おそらくレヴィンの考えでは日本は天皇制で専制的リーダーの国だったと思われていたから、どんな結果が出るのか、日本での追試に興味を持ったのだと推測される。そして、追試をおこなったのが九州大学（当時）の三隅二不二先生たちで、日本でも民主的リーダーがいちばんよかった。社会心理学で最高の賞が彼の名前を冠したクルト・レヴィン賞で、三隅先生は日本人で唯一の受賞者となった。

レヴィンの話が長くなったが、レヴィンの周囲に集まったなかでいちばん影響を受けたのがレオン・フェスティンガーだった。フェスティンガーは『認知的不協和の理論』などの著作で知られ、経営学に大きな足跡を記した。ほとんどの現象は、認知要素と認知要素の間で葛藤がある場合、認知的不協和が生じるので、それを下げるために人びとは動機づけられて行動する。彼は、このような視点からモチベーション論の中心的命題をつくった。

ひとつの例として、タバコを吸うひとに注目しよう。ここには自分は喫煙者だという自己認識（ひとつの認知要素）と、タバコは健康に悪いという新聞記事（もうひとつの認知要素）がある。この二つの認知要素の間には葛藤があり、その不協和を下げようとして大きく二通りの動機づけが起こる。ひとつは喫煙者である自分を変える禁煙の方向で、もうひとつは新聞報道が間違っていることにしようという方向になる。

タバコの例にしても、変革のきっかけを考えるときのヒントになる。禁煙が個人レベルの変革の例とすると、新聞が間違っていると外部のせいにすることによって折り合いをつけたら変化は起こらない。相変わらず、そのひとはタバコをくゆらし続ける。

変革はシンドい。変革を成し遂げようとすれば、必ずアンチ変革派が登場する。しかし、敵は自分の中にもいるのだ。外界（新聞）が間違っているという自分の判断がもし間違っていたら。

そのとき、変革を進めようとしているあなたは、どういう態度を取るか。

不協和や軋轢《あつれき》がイヤであれば、変革の内容を変更し（あのプランは間違っていた、あるいはいきすぎだったとして）、変革できないことやトーンダウンを自己正当化することもできる。見事な変革を成し遂げられるか、あるいは中途半端な変革でお茶を濁して終わるかは、認知的不協和をどうとらえ、どんなパッションを胸に秘め、どう行動するかにかかっている。

仕事そのものに、ひとは満足を感じる

現状への不満は、いってみれば変革へのモチベーションにつながる。経営学の長い歴史のなかで、モチベーションや欲求は大きなテーマになっている。欲求の内容を議論していくと、時代によって欲求の内容のどこに注目するかが違ってきている。

F・W・テイラーが提唱した科学的管理法の時代は、経済的欲求で人は動くとみなされ、それが「経済人モデル」と呼ばれることはすでに紹介した。「社会人モデル」が華やかな時代は、ひとは職場に感情を持ち込むので、インフォーマルなグループや人間関係に注目が集まった。その後、自律し成熟した個人に合う組織をめざしたC・アージリアス、X理論とY理論のD・マクレガー、欲求階層説で知られるA・H・マズローなどの「自己実現人モデル」も登場する。

この間の学説の推移は、かつて『経営組織』という入門書に書いたことがある。興味のある方は参照していただくとして、これらの人間モデルのいくつかは、ひとが持つ特定の欲求に焦点を合わせている。経済人モデルであれば経済的欲求、社会人モデルであれば社会的欲

求、自己実現人モデルであれば自己実現の欲求がそれに当たる。

しかし、仕事意欲を解明するためには、ひとがそもそもどのような欲求を持っているかについて知る必要がある。その立場から、ひとが仕事の場に持ち込む欲求の内容を特定化していくことを主眼にした理論は、「モチベーションの内容理論」と呼ばれる。モチベーションの内容理論からの結論のひとつを平たく言うと、「経済的欲求とか人間関係も大事だけれど、仕事の世界もモチベーションを考えているのだから、やっている仕事そのものが最大のモチベーションではないか」と考えることになる。

その先駆者であるF・ハーズバーグの研究によって、仕事そのものから、ひとは動機づけられるという洞察が得られた。素朴であたりまえのようだが大事な洞察だ。それ以前の時代には、仕事そのものより人間関係に注意の焦点が向かっていたのだ。ハーズバーグは、働くひとひとりひとりに臨界事象法（クリティカル・インシデント・メソッド）と呼ばれる方法でインタビューし、この結論を得ている。臨界事象法とは、極端とも思えるなんらかの具体的な経験について詳しく話を聞き、その内容を分析していくことに主眼を置く手法である。

ハーズバーグの研究グループは、「仕事上、例外的によかった体験」と「例外的に悪かった体験」の両極端を並べて採取した。その結果、例外的によかった体験としてあがってくるものが達成とか達成の承認、仕事そのもののあり方、大きく任されたという意味での責任、仕事を通じての昇進などだった。昇進というのも原語はアドバンスメントだから、仕事を通じて前進したというか、一皮むけた経験といったものになる。逆に、例外的に悪かった体験を特徴づけるのは、会社の方針と経営、監督のあり方、上司や同僚との人間関係、福利厚生、作業条件や給与といった仕事を取り囲む要因だった。

このハーズバーグの研究は五〇年代の終わりから六〇年代にかけておこなわれ、そう新しいものではない。むしろ、もはや古典だ。とはいえ、その研究成果は現代でも考えさせられるところがある。社会人モデルで明らかになったように、人間関係を一生懸命にやれば不満の緩和にはなるが、積極的なモチベーションにはつながらない。

「仕事そのものに、ひとは満足を感じる」というハーズバーグの指摘と、先に述べた仕事の困難度のレベル、あるいは未達の課題や要求水準の効果を考え合わせてみよう。いったんある仕事がきちんとできはじめたら、次に挑戦したいと思うレベルの高い仕事につきたくなる。その有力候補と思えるのは、変革にまつわる仕事、あるいは変革のリーダーシップを執る課題になる可能性もある。

そうなると、変革がテーマになっているところ、たとえば新人事制度の導入とか新規事業の立ち上げ、あるいはダメになりかけた事業の再生といった仕事こそ、さらに一皮むけるような仕事で、やっているときはたいへんでもやりがいがある。そうした仕事をつくりだし与えることが高いレベルの欲求を満たし、満足を感じさせる。ただし、これは確立された理論ではなく、変革を起こせる経営幹部の育成のためには、今後、そうした調査も必要になると思う。

達成・親和・パワーの三欲求から、ひとは動く

邦訳された著書はもはや絶版となっているが、D・マクレランドのモチベーション論にも目を向けたい。

マズローの欲求階層説は、欲求の種類と欲求が姿をあらわすメカニズムの両方の説明になっているが、マクレランドは欲求の三分類とその測定法を考えた。マクレランドによれば、ひとの欲求には、達成欲求と親和欲求とパワー（権力）欲求がある。

これは、同時にパーソナリティ特性にかかわり、ひとのタイプにつながる。マクレランドの説からでは、ひとには、達成欲求の高いひと、親和欲求の高いひと、パワー欲求（権力欲求）の高いひとの三タイプがあることになる。パワーや権力という言葉は誤解も招くが、

「ひとに影響力を与えたい気持ち」と理解すればいい。この三つの欲求のどれが強いかが個性になるが、マクレランドとその研究仲間はとくに達成欲求に注目した。

変革を起こす人、あるいはベンチャーを起業するひとは、達成欲求が高い。とくに起業するひとたちの間で達成欲求が高いことは、マクレランドの研究から分かっている。達成欲求が高いひとの特徴として、マクレランドは、(1)成功するか失敗するかの確率が五分五分ぐらいのもっとも不確実な課題に燃える、(2)達成の水準が運に大きく左右されるのではなく、自分の努力によって自己責任で決まるような課題を好む、(3)うまくいったかどうかのフィードバックを求める、の三つをあげている。

これは個人レベルの話だが、マクレランドは、国の経済発展もまた、達成欲求の高さによって説明されると大胆な主張もおこなっている。たとえば、国語の教科書の内容分析をすれば、国レベルの達成欲求の高さをうかがうことが可能だ。国語を学ぶ目的からすれば内容はなんでもよいはずなのに、わたしの世代の教科書には、夢を持って苦労しながらなにかを成し遂げた偉人伝のようなものが多かったように思う。マクレランドの大胆な主張にしたがうと、この教科書の姿は、経済発展を成し遂げようとしていた日本を象徴していたことになる。

話を個人にもどそう。変革や起業をめざす人はマクレランドが示唆するように達成欲求が高いとしても、そのようなことを達成するには人を動かすパワーもいる。変革の担い手に十分なパワーが最初から権限のなかに備わっているとは限らない。そこには、パワーギャップがある。ギャップの存在にもかかわらず変化を立ち上げるには、パワーを動員できないといけない。だから変革は、パワー欲求を持っているひとのほうが進行させやすい。ひとりでイノベーションは成功しないから、変革の実際はひとを巻き込まなければならない。いったん巻き込んだ人びとと良好な関係を保つには、親和欲求も必要になる。

三つの欲求のどれが強いかは個性だけれど、変革をおこなうには、この三欲求がそれぞれの局面で異なる度合で要求されるところがある。ありていに考えると、とてつもない欲求の塊のようなひとはまずいないし、三つの間でバランスのとれた欲求のコントロールも難しい。だから、自分はどの欲求が強いかが分かっていれば、ひとの組み合わせで変革を推進するという知恵も必要になる。パワー欲求は強いがひととの関係が下手だったら、親和欲求の強いひとと組む。親和欲求は強いがパワー欲求がそれほど強くないひとなら、パワー欲求の強いひとを右腕に起用する、といった具合にである。三つの欲求がほどよくブレンドされた変革チームであれば、なかなかよい味を醸《かも》し出すのではないだろうか。

変革の仕事は、内発性モチベーションが高い

F・ハーズバーグにしても、D・マクレランドにしても、仕事の性質そのものがモチベーションに深くかかわっていることを指摘している点が興味深い。後に、J・R・ハックマンとG・オルダムは、たずさわっている仕事の特性そのものが仕事意欲にかかわることをより体系的に取りあげた。

ひとは、昇進・昇給、ボーナス、上司の承認、仲間による受容といった報酬によってだけ動機づけられるものではない。やっていること自体がおもしろく、やりがいもあり、やり終えたときの達成感や成長感に喜びを得ることもあるから、頑張ることがある。前者を外発的報酬、後者を内発的報酬という。ハックマン＝オルダムの提示したモデルは職務特性モデルと呼ばれ、内発的モチベーション論のひとつに位置づけられる。

このモデルでは、職務特性が(1)技能多様性（skill variety、V）(2)タスク完結性（task identity、I）(3)タスク重要性（task significance、S）(4)自律性（autonomy、A）(5)フィードバック（feedback、F）の五つの次元から説明されている。変革プロジェクトを、この五つの次元から考えてみよう。

技能多様性（skill variety、V）は、必要とされるスキルがどの程度多様なものかにかかわ

っている。精密工程の組み立てラインでは手先の器用さがなによりも必要になるが、変革のリーダーに要請されるスキル・バラエティはかなり多い。口も達者でなければならないし、対人能力も必要だし、高い情報処理能力も要請される。

タスク完結性（task identity、I）は、仕事の流れの全貌にかかわっている度合を測る次元になる。自動車のドアを取りつけているひとは、それを正確に、しかもしっかりとつけることに従事する。そのため自動車全体の組み立てのごく一部を担当している。タスク・アイデンティティとしては、低いスコアになる。これに対して、変革のリーダーはプロジェクトの全貌にかかわる必要がある。というのは、変革のプロジェクトは言い出しっぺが最後までやり通さないといけないところがある。立ち上げから回り始め、終了までの全貌を目配りすることが多いからタスク・アイデンティティは高くなる。

タスク重要性（task significance、S）は、仕事のできばえのいかんが、社内外の人びとにどれほどのインパクトを与えるかにかかわっている。仕事の重要度と言ってもいい。自分から変革の名乗りをあげたとか、今のままであればダメだという危機感から他のひととつながって組織を変えようとする。だから、やっていることに重要性や意義を感じない変革のリーダーはいないだろう。重要だと思わなかったら、そもそも立ち上がらないだろう。

自律性（autonomy、A）は、自分のやっている仕事のなかで、自分なりに工夫して仕事のやり方を決められる度合をいう。標準化されマニュアル化された仕事ほど、オートノミーの余地は小さくなる。ルーチンの仕事より変革をテーマにする仕事における自律性は高いはずである。

フィードバック（feedback、F）は、より正確には、上司や業績評価システムなどを介在せず、仕事の遂行それ自体を通じてのフィードバックを指している。分かりやすく言うと、営業などでは、上司に聞かなくても、営業活動そのものを通していくつ売れたかが分かるようなフィードバックになる。変革プロジェクトには、商品開発であれば顧客とか、人事制度であれば社員といったように相手がある。それは仕事そのものと不可分である。変革に報いる業績評価の仕組みを持っている会社は稀だろうが、自分なりに変革の当事者として手応えが感じられれば、変革にたずさわる仕事のほうがこの面でもやりがいは高いと考えられる。変革には、外野から反対の声があがったり中傷も多い。だから、中傷が少ないこと自体、うまくいきつつあるかもしれないというフィードバックになる。

ハックマン＝オルダムのモデルに照らすと、仕事が変革プロジェクトであれば高い動機づけにつながる可能性は高い。しかし、ひとは、モチベーションが高いとか、チャレンジングだというだけでは乗らない。変革には失敗の恐怖もあり、その恐れを克服しないとはじまらない面がある。失敗したら格好悪いとか、困難に遭うのがイヤだと思うひとばかりであれば、変革は絶対にはじまらない。達成動機の高いひとは、より大きな課題に挑むので、その分、失敗の恐怖感も大きい。本人も上司も、そのことを自覚する必要がある。

変革はうまくいくと満足度は高いが、外発的報酬が低いケースもある

ハックマン＝オルダムの職務特性モデルは、内発的モチベーションに限定されているとはいえ、変革への取り組みを説明するうえで示唆に富むものだった。モチベーションの過程理論のなかで、もっとも完成度の高いと考えられているものが期待理論で、Ｌ・Ｗ・ポーターとＥ・Ｅ・ローラーが提唱している。期待理論のエッセンスだけを抽出すると、仕事意欲の大きさは、投入される努力のレベルに比例するが、その努力レベルは、がんばればいいことがあるという期待の大きさと、そのいいことの魅力度に左右される、ということになる。

ひとは、仕事に投入した努力のレベルに応じて、どの程度の業績をあげられそうかについて期待を持つ。そこには能力・資質の差があり、それが乏しく役割知覚（努力の方向づけ）が間違っていれば多大の努力を投入してもあまり業績のあがらないこともある。

業績をあげれば、その水準によって報酬が生まれると期待できる。報酬には、内発的報酬（仕事の達成そのものから生じる達成感とか成長感、あるいは仕事そのものがうまくいって嬉しいといった報酬）と、外発的報酬（昇進・昇給、あるいはボーナスが増えたといったシステムや他者を介して手に入れる報酬）がある。ただし、外発的報酬には、あまりに目立った活躍でやっかみを感じた仲間にイヤがらせをされたといったようなマイナスの報酬もある。

ポーター＝ローラーのモデルでは、努力はE（effort）、業績・達成はP（performance）、報酬はO（outcome）と表記される。報酬をR（reward）にしないのは、仲間に嫌われるといったマイナス報酬も含むので、諸結果（outcomes）を示すOにしてある。

この広い意味での報酬によって満足が決まり、満足の度合が報酬の価値（誘意性とも呼ばれ、valenceのVで略記される）を決める。数式にすると、「どれぐらいの努力をすればどういう報酬が入ってくるかという期待×満足度（報酬の価値）＝どの程度努力するか（仕事意欲の大きさ）」と表現できる。つまりΣ（E→Oi）Viががんばりの度合をあらわす。ポーター＝ローラーのこの理論においては、意欲の測定は難しいので、努力の投入レベルの大きさをモチベーションと考えたことになる。

ポーター＝ローラーの期待理論からすると、変革のプロジェクトはあまり分がよくない。

期待には、努力したら業績をあげられるという期待と、業績をあげれば報酬が入ってくるという二通りの期待があった。努力してうまく成し遂げられた場合の内発的報酬は大きいかもしれないが、プラスの外発的報酬はそれほど大きくはないばかりか、変革には痛みを伴うものが多いからマイナスの外発的報酬も予想される。

しかし、長期的には、存亡の危機に事業部や会社を大きく変えたひとが事業部長や社長になる可能性が高ければ、期待理論が想定するより、長い時間軸で見ると、この可能性がモチベータになるかもしれない。しかし、ポストを狙っての変革リーダーを人びとは賞賛しないだろう。その意味でも、どうせ大きな変革をめざすなら、報酬の計算よりも、志やビジョン、シナリオが大事だ。もちろんそこに至る経路の論理的な考察や、そのプロセスを財務的に支える「大きなそろばん」はいるだろう。

大変革には、失敗というリスクが伴う。だから、着手してもこれだったらいけるという準備の必要がある。やる気になるためにも、勝算の確率を高めるような準備が要る。コロンブスが新大陸を発見したのは、ただの冒険心や非常識からではなかった。きちんと学習して、これなら大丈夫だろうという準備を整えていた。その準備のひとつが地図としても役立つようなビジョンになるが、これについては第6章で述べることにする。

新しいロヤルティ

変革の動機づけとして、先におこなった説明からは、やや意外に思われるかもしれないがloyalty（忠誠心）もあるのではないだろうか。この考えが浮かんだのは、あるひとのひと言がきっかけだった。

「イヤになったら、会社をさっさと辞めることもできます。辞めずに変革しようとするひとには、会社をよくしたいという気持ち、会社を大切に思う気持ちがあるのではないかという気がします。ロヤルティという言葉がふさわしいかどうか分かりませんが、これは一種のロヤルティではないでしょうか」

A・O・ハーシュマンのところで触れた「退出、発言、忠誠心」と関係する内容になる。ロヤルティは、普通、忠誠心と訳されることが多い。loyaltyを辞書で引くと、「義務に忠実なこと、君主、国、会社に対する忠誠心」などという意味が書かれている。わたしが引いた辞書には、「献身的な感情を含む」という説明まで加えられてあった。ロヤルティを忠誠心と訳すと息苦しいが、その自然の意味は「相手を大切に思うこと」になる。

三〇代、四〇代でも、忠誠心を古くさいと感じるひとが多い。確かに、会社のほうが滅私奉公を要求する時代は終わったし、それまで忠誠だったひとたちでも、成果に貢献するところが少なければリストラしていく会社が出てきた時代である。時代の変化のなかで、忠誠心を頼りに生きるのは分が悪くなっている。

けれど、愛すべき組織、愛顧する商品というのは確かにある。会社へのロヤルティには、自分がこの会社を好きだ、だからそこで頑張りたいという気持ちがあり、商品へのロヤルティには、たとえば、このフェンダーのギターが好きだ、だからずっと大切に弾きたいという気持ちがある。

では、本当に忠誠心は要らなくなったのか。この問題を議論するのに興味ある点を、キャロル・K・ゴーマンは、『*The Loyalty Factor*』という本のなかで指摘している。ゴーマンによると、会社にすべてを依存するような生き方は確かに古くなった。その意味では、古いロヤルティは滅びつつある。しかし、彼女は次の三点を指摘して、われわれには今の時代に合った新しいロヤルティ観が見えつつあり、これからもますます必要であるという。

第一は、先に触れたとおり、相手を大切に思うケア（care）という気持ちだ。これがなくなっている会社が、働く個人にロヤルティを求めるのはおかしい。

第二に、新しいロヤルティは一方的なものでなく、双方向的（mutual）でなければならない。ひとを大切にする会社にいるのだと実感できるなら、そこで働く個人がその会社を大切に思う気持ちは消え去らないだろう。双方向的とは、いい意味でお互いさまだからだ。

第三の視点は、ロヤルティは多重的（multiple）になったという見方だ。大切に思う会社に勤めていたとしても、そこで働く個人が大切に思うのはけっして会社だけではない。家族、趣味の仲間、地域社会など、大切に思う対象は一重にとどまるわけでなく、多重な対象がある。会社にとっても、従業員のほかに顧客、株主、地域社会の住民、取引先などへのロヤルティが存在し、比重はますます高まっている。会社や仕事オンリーで生きるのでなく、プライベートライフや趣味も充実しているほうがかえってよい働き方につながる。資生堂では、このことを「B面も大切にする」と表現している。

ロヤルティが衰亡してなくなるのでなく、今その性質が変わりつつある。ゴーマンのこの指摘は、いろいろな方が考慮に入れるべき視座だと思う。とくに第一のケアと第二の双方向性は、変革を考えるうえで大きなポイントになるだろう。

組織変革には、「この会社が好きだ。好きだからもっとよい会社にしたい」という従業員が会社を大切に思う気持ちと、「従業員はもっとよい会社になることを望んでいる。その希望が実現されればもっとよい会社になるし、従業員も働きやすくなる」と会社が従業員を大切に思う気持ちが交流し、双方的に働かないと成功しない。

実は、組織変革と一見かかわりがなさそうな第三番目の多重的というのも、変革やイノベーションに大きくかかわってくることがままある。ある組織に変革の風をもたらすひとは、その組織だけに命を預けているのでもなく、ほかにいろんな場に顔を出している。また一社に閉じず、広い交友を持っているひとがそこから異質なアイデアを得て、イノベーションに走る。マルティプル・ロヤルティも組織変革を考えるもうひとつの視点となる。

変革プロジェクトの課題とプライオリティにも影響してくるような話になるが、おためごかしでなく、それが真剣な姿勢であればアジェンダ（大きな構想とその実施細目）設定にも温かみと幅が出る可能性がある。また、ケアに根づく新しいロヤルティから、思わぬ効果も期待できるのではないだろうか。

もちろん、ハーシュマンが鋭く指摘したように、組織変革（組織の衰退をくいとめること）のためには、ロヤルティはけっして声なきまま（voiceless loyality）であってはならない。言いたいことがなんでも言えるカップルと同様、そのような雰囲気が大切だ。残酷なほど正直に声を出す（brutally honest）という言葉が英語表現にあるが、逆にケアやロヤルティがないとそういう声は出せないものだ。

無限におのれ自身を創造していく

個人的なことを少し話させていただくと、昨年神戸大学のわたしの学部ゼミの同窓会があった。もと学生だった卒業生たちと顔を合わせたが、それぞれの成長の足音にいろいろと感じることがあった。

会社に入り、役職につくまでは、まず仕事を任されてきちんと役割をこなせるようになることが大切だ。この段階のひとたちをふつう日本語では一般社員とか担当者と呼ぶ。英語でこの担当者に当たる言葉を探すと、繰り返し使ったとおり、「インディビデュアル・コントリビューター」になる。チームや部門を束ねる仕事よりも、個人として担当しているところで全体に貢献するひとという意味合いだ。これ以上 divide（分割する）できないというのが individual で、いいも悪いも個人という考えがそこにはある。

会社に入ったとき、チームでやっているとは言っても、自分でできるようになることがまず最初の課題で、やがてひとを束ねる仕事ができるようになる。これは管理職になる、ならないにかかわらずで、たとえば自分のもとに派遣社員がついた、若手がついたといったように、自分が中心的な役割を果たして一緒に仕事をするケースもある。

そこで、管理職でなくても、マネジメント的な要素が出てくる。まだ自分のほうがいくらか年上だから言うことを聞くとか、派遣社員だからとか、予算制度があるから言うことを聞くとかはリーダーシップではない。また、正式に管理職になっても、評価権限を持っているから、そのひとの言うことを聞くというのは本当のリーダーシップの発揮とまではいかない。そうしたマネジメントができはじめて、次にさらに一歩前進してリーダーシップの問題が濃厚に姿をあらわし始める。

ゼミから送り出した最初の学生でもまだ十数年ほどしか経過していない。卒業後の期間がまだ短い。だから、彼らが本当に世の中を変えているなと思えるレベルにまでにはまだなかなか達していない。でも、そういう兆しが見え始めているのはうれしい。大企業で変革をめざすひと、起業をめざすひとがゼミからどんどん出てほしい。変革のために、そして自分のさらなる脱皮のためにも、リーダーシップを執れるようになるひとが。

たとえば、自分で起こした会社を楽天に売却し、いまも楽天といい関係でビジネスを発展させているひとがいる。谷井等さんだ。変革や起業にタッチし始めている卒業生たちには、自分で皆とともに絵を描いて、その絵の実現に向けてほかのひとがついてきたといったところがあると思われた（この会社の成り立ちについては、青山学院大学の山下勝さんが博士論文で詳細に記述してくれた）。商社に入り長い海外勤務を経て、人事労務関連で起業した佐藤栄哲さんもいる。もちろん、ベンチャーの世界だけでなく、大企業でも窒息せずにどんどん変革型リーダーシップを執るひとが出てほしい。

ベルクソンの『創造的進化』に、次のような言葉がある。

「意識する存在にとって生存するということは、変化することであり、変化するということは、経験を積むことであり、経験を積むということは、無限におのれ自身を創造していくことである」

だから、島津製作所の田中耕一さんのように、専門を深くとことん極めるというのも無限に自分自身を創造していくひとつの道にはなる。でも、いろいろな道があるとすれば、変革を起こせるとか、リーダーシップを執れるとかいった道も、さらに発達した大人になっていくこと、卒業後いくつになっても一皮むけていくこと、あるいは無限に自分を創造していくことのひとつではないかと思う。ベンチャーへの道も、それ自体が変革とイコールと思える、リーダーシップ発揮の舞台を提供する。そして、会社によっては、そのなかでもベンチャーを起こせる。

本当のキャリアとは変革によって培われる

この章の最後では、すでに変革プロジェクトに参加しているひと、変革の立ち上げを考えているひと、あるいは「会社を変えたい」と考えているひとに、変革プロジェクトへの参加がもたらす大きな意義を伝えたい。今の話とも関連するが、みずから手をあげるにせよ、任命されるにせよ、変革への参加は一皮むける経験につながることが期待される。

先年、関西経済連合会の人材育成ワーキング・グループによってまとめられた報告書「一皮むけた経験と教訓：豊かなキャリア形成へのメッセージ」を土台に、企業のリーダーたちがどんなときに一皮むけたかを、『仕事で「一皮むける」』にまとめた。

一皮むける経験の研究には、先駆となるひとつの刺激的な研究がある。それは、ノース・カロライナ州のＣＣＬ（Center for Creative Leadership）が実施した調査研究で、このリサーチでは米国企業六社の成功している経営幹部一九一名から一皮むけるのに最も貢献した具体的な経験を採取している。結果は、元ＣＣＬの幹部で現在は南カリフォルニア大学マーシャル・ビジネス・スクール教授のモーガン・マッコールたちの手で、『*Lessons of Experience*』にまとめられた。この最初の本については、残念ながら邦訳はないが、その後の研究展開は私たちが邦訳を出した『ハイ・フライヤー』に受け継がれている。

ここで一皮むける経験と呼んでいるものは、『*Lessons of Experience*』では「quantum leap experience」と表現されている。そのまま訳すと「量子力学的な跳躍となった経験」になるが、原語に込められている「ひとの成長は、漫然と漸進的にずっとゆっくり進むのではなく、ここぞというときに大きなジャンプがある」というイメージをいろいろ考え、「一皮むけた経験」と訳した。

「一皮むけた」という言葉の感触には、ザリガニの脱皮のような量的成長だけでなく、サナギからチョウへにたとえられるような質的変態も含む。われわれは甲殻類や昆虫ではないが、たとえとしてはザリガニの脱皮やチョウの完全変態に相当するものが人間にもあり、それがパーソナル・ストーリーとしての一皮むける経験だと思う。一皮むける経験には、ここぞという「瞬間の物語」、数年スパンの「プロジェクト時間の物語」、いくつになってもさらに輪をかけて大きく一皮むける「年輪の輪の物語」の三つの時間幅（決定的瞬間、数カ月から数年のスパンの経験、一生涯を貫くもの）があり、ほとんどの企業変革のケースは数カ月から数年のスパンの「プロジェクト・タイプの物語」になると思われる。テレビに放映されることがなくても自分なりのパーソナル「プロジェクトX」とも呼ぶべき経験がそれだ。

ただし、チョウの完全変態とひとの一皮むける経験とでは、大きな違いがある。チョウの完全変態は一度きりの外面的な変化だが、一皮むける経験は内面的な変化でもあり、うまくキャリアを積めば繰り返し経験できる。さらにひと回り大きいキャリアが獲得され、いくつになっても干あがらない人間になれる。

今、キャリアというカタカナ言葉を使ったが、キャリアとは単なる仕事上の経歴ではない。キャリアの定義として、「キャリアとは、あるひとの生涯にわたる期間における、仕事関連の諸経験や諸活動と結びついた態度や行動における個人的に知覚された連続である」というボストン大学のD・ホールの定義がよく引用される。

ただし、ホールは仕事関連の諸経験や諸活動にキャリアを限定している。わたしは、生涯発達や人生全般の転機の研究からキャリアを追求したいので、キャリアと人生をオーバーラップする立場から考えたい。

こうした直線的な生涯発達論の立場に対し、反発達論がある。生涯発達論ではいくつになっても上の段階にいくべきといっているが、その直線的発達観、ずっと上にあがる階段のようなイメージそのものが一方で資本主義的（絶えざる拡大主義的）すぎるし、他方で決定論的にすぎるという批判だ。絶えず発達し続ける発達観は憂鬱《ゆううつ》というひとがおられるかもしれないし、わたしのなかにそうした気持ちがまったくないとも言わない。「四〇歳にもなったら、もう発達せんでええやないか」と言ったほうが、気楽なところがある。

しかし、個人的に担当してうまくできること、マネジャーとして仕組みを使ってひとを動かすこと、リーダーとして変革をキーワードに大勢を巻き込んで大きな絵を実現すること。これらを比較すれば、普通、あとになるほど責任も重くなり、内容も高度化している。マネジメントがきちんとできはじめたひとが、怖くて大変だけど自分で絵を描き、乗組員も決め、十分に説明して準備を整え、「いったらおもしろいよ、新大陸!」と夢を持って変革のリーダーシップ経験を成し遂げたらどうだろう。血と汗と涙を流しながらかもしれないが、マネジメントをきちんとするだけの世界より、変革型リーダーシップの世界には、プロセスでの苦労も多いが、やりとげたときには、はるかに大きな喜びが得られるだろう。

節目節目に一皮ずつむけ、自分なりの「物語」を紡ぎ、自分らしいキャリアを積み重ねていく。それがあなたのあなたらしいキャリアとなり、器づくりになる。変革のプロジェクトは、そうした一皮むける経験の絶好のチャンスになるはずだ。

第４章　組織変革を阻むもの

変革に即効薬や万能薬はない

組織には変革が必要だと言っても、いざ現実に変革に着手するといろいろな障壁が登場する。組織の変革に限らず、経営学のほとんどのベストセラーに必ず登場する常套句がある。それは、「一生懸命に考えている人ほど、即効薬や万能薬がないことを知っている」というものだ。

即効薬に当たる英語は「クイックフィックス」、あるいは「バンドエイド」になる。「バンドエイド・ソリューション」というと、絆創膏を貼ってのその場しのぎの意味になる。中途半端に治したフリをするだけであって、根本から治すわけではない。万能薬は「パナシィーア」(panacea)という。

経営者も、同じような言葉を残している。たとえば、ＢＭＷの元会長エーバーハート・フォン・クーンハイムは「会社をよくする特効薬はない。もしあったらよい会社ばかりになる」といっている。

フォン・クーンハイムがＢＭＷの会長だった九〇年代半ば、株主を重視するＲＯＥ(Return on Equity)というアメリカの経営指標が世界でブームになり、ドイツ企業でも採用され始めていた。アメリカ、日本、韓国の自動車会社の攻勢にＢＭＷは低迷を余儀なくされ、同社首脳陣が経営方針の変更を提案したとき、フォン・クーンハイムはこの言葉を吐いた。そしてフォン・クーンハイムは独自の経営路線を歩み、ローバー社の買収をきっかけにＢＭＷを一流ブランドに押し上げた。

変革の特効薬や万能薬があれば、誰でもいい変革がおこなえる。あとで触れるＪ・Ｐ・コッターのつまずきの石八つのリストのように、気の利いた箇条書きとか、変革のプロセス・モデルはある程度意味がある。そのプロセス・モデルにしても、つまずきの石という変革への障害物を並べて、それを自社の問題としてチェックするひとに、自分の頭で考えて仲間と議論する材料を提供しているからこそ味があるので、「この順を追っていけば変革が成功しますよ」というマニュアル的モデルはありえないし、現実を捉えるのにはそのようなモデルでは、決定論的にすぎる。変革のドラマは、マニュアルのように、事前に規定されているルーティンではない。

企業変革は、アメリカが家元のひとつだろう。アメリカでは八〇年代から九〇年代にかけて、変革の嵐が吹いた。その結果について、「トレーニング」誌（一九九四年九月号）は、全米の経営者は謝罪文を提出すべきだとして、次のような記事を掲載した。

「従業員各位へ

過去一〇年間、わたしたちは組織の変革に務めてきました。経済の先行きに不安を覚え、日々新たなプログラムを導入してきたのです。（中略）何とか収益性を向上させたいと考えていたわたしたちは、ビジネス誌に新たな方法が紹介されると、すぐさまそれに取り組みました。そうして、こちらの万能薬からあちらの万能薬へと次々に手を出した結果、手の着けられないような状態に陥ってしまったのです。それぞれの方法を注意深く評価し、十分考えた末に導入し、効果があらわれるのを辛抱強く待つ、という姿勢を忘れていました。（以下略）」

これは、ジョセフ・ボイエットとジミー・ボイエットの『経営革命大全』からの引用だが、アメリカでこうした謝罪文を求める空気が高まった理由は、多くの会社でさまざまな変革が試みられながら、期待通りには運ばない事情があったからにほかならない。万能薬と思われるような手法を導入し、即効薬を知っているはずの（知っていそうな）経営コンサルタントを高額で雇っても、なかなか成功しなかった。英語の達者なひとなら、この際、スコット・アダムズのビジネス・マンガ『ディルバート』のシリーズをどれでもいいから一冊読み返してほしい。組織変革にまつわる愚考がやり玉にあげられている。

組織変革を扱う本のなかには、変革には抵抗がつきものであり、変革は非常に骨が折れて難しいし、失敗することのほうが多いのに、そうしたことを書いていない本がけっこう多い。いかにも変革が簡単なことのように思えるものとか、こうすれば組織変革はうまくいきますといったハウツー本はウソっぽい。もしそういう類《たぐい》の本があって、それが真実であれば、どの会社でも組織変革が簡単にできてしまうし、今わたしがこの本を書いていることもない。

組織変革の必要性を認めるひとや実行に立ち上がったひとは、組織変革の手法にはクイックフィックスやパナシィーアはないことを真剣に受け止める必要がある。

きちんと終わらないとはじまらない

変革にまつわるさまざまなアプローチは、そのルーツを深く掘っていくと臨床心理学的なアプローチにまで行き着くことが多い。組織変革で臨床心理学的アプローチが意味を持つ最大の理由は、個人が変わらなければ組織は変わらないという点にある。うまく転機を乗り切れない個人の変化を支持してきた学問分野といえば臨床心理学であり、組織変革は、現実には、大半の個人の発想と行動の変化だから、それこそ臨床的な世界だ。

個人の人生の転機や節目（トランジション）を考えるとき、ウィリアム・ブリッジズの『トランジション』が大きな助けになる。ブリッジズは、臨床家として一見すると開始の問題に見えるものは、実は終焉《しゅうえん》（英語には letting it go という絶妙の表現がある）がきちんとできていない問題だと、主張する。

変化というと、人びとは新しいはじまりにばかり目を向けがちだが、大きな転機であればあるほど、テレビのチャンネルを変えるようには新しいはじまりに移れない。その間に途方に暮れたり、宙ぶらりんの感覚になったり、少し空しさを味わったりしながら、徐々に新しいはじまりに向けて気持ちを統合していく時期が必要になる。ブリッジズはこの谷間の時期を「中立圏（混乱や苦悩の時期）」と呼び、トランジションには「終焉（なにかが終わる時期）」、「中立圏」、「開始（新しいはじまりの時期）」の三ステップがあると説明する。

この三ステップのうち、「中立圏」と「終焉」の段階をなおざりにすると問題が起きてくる。失恋したあとすぐ他のひととつき合い始めるような人物の新たな恋はあまりうまくいかないが、その理由がここにある。こうしたひとは、開始＝新しい彼女（彼氏）ができても、終焉＝前の彼女（彼氏）との終わりの気持ちの整理がついていないため、なぜ彼女（彼氏）とうまくいかなかったのかをいつも心のどこかに持っている。苦悩を味わいながら、ひとつの恋を清算する中立圏をもきちんとくぐり抜けていないと、こうしたことが起こる。

ひとというものは、新しい生活（変化）を望んでいるときでさえ、古い生活を（心理的に）捨て去るのは難しい。新しい生活をはじめようとすれば、まず古い生活をきちんと終わらせる必要がある。

ブリッジズと同じくらい有名な本に、ナンシー・シュロスバーグの『「選職社会」転機を活かせ』（原著のタイトルは「オーバーウェルムド」で、「やられてしまった」という意だ）がある。なかで、シュロスバーグは、倒されそうなぐらいの経験でも人間は乗り切れる。皆さん方の周りで、「失恋して死ぬと言ったひとの何人が実際に死にましたか」と問いかけている。本当に失恋を苦にして自殺するひともあるから不謹慎なことはいえないが、大半のひとは、天地がひっくり返るほどの失恋からもサバイバルしている。やられてしまったと思ったときでも、ひとにはそれぐらい頑強な面がある。そして、死ぬほど辛い失恋であっても、宙ぶらりんの中立圏と終わったという認識がきちんと持てたとき、新しい生活に踏み出していける。

ブリッジズのトランジション論を、組織変革に応用してみよう。

ＡＴ＆Ｔがミニベルに分割されたとき、ＡＴ＆Ｔはなかなか変わらなかった。変わったとしても変わるのに苦労があった。この間の事情は、野中郁次郎先生が監修されたW・B・タンストールの名著『ATT分割』に詳しいが、大変革の常で経営者は「はじまり」についてしか述べなかった。それが旗振りということなのだろうが、めざす先を示すだけで、「何が終わるか」は強調されない。たとえば、もう百万人の会社ではありませんとか、おっとりした会社ではいられませんとか。未練がましいほど「終わり」にはしたくないために、喪失にはあまりふれず、「はじまり」の旗が振られる。ロゴが地球儀に変わりましたとか、IBMと競争していきますとか、小さなベル（電話会社）それぞれに地域でがんばっていきますとか、コミュニケーションとコンピュータでがんばりましょう、といったように「はじまり」のファンファーレばかりが目立ったものだ。

電話会社だから登場させるわけではないが、「新しい扉が開いているのに、人びとは古い扉のほうばかり見ようとする」というグラハム・ベルの言葉がある。この言葉のように、分割後のAT&Tの従業員の間に、「昔はこうじゃなかった」とか「あの頃はよかった」というたゆり戻しがいっぱい生じた。

その理由が、終焉をきちんと宣言しなかったことにある。前の彼女（彼氏）との関係がきっちり終わっていないまま、新しい彼女（彼氏）とつき合い始めたケースと同じだ。いつまでも「あの彼女（彼氏）となぜうまくいかなかったのか」といった気持ちを引きずっていれば、変革などきちんとできそうもないし、新しい生活もうまくはじまらない。

実は、ブリッジズのトランジション論を有名にしたのは経営学者たちだ。変革型リーダーシップの大家で、「ゆでガエル」の比喩で知られるミシガン大学のノール・ティシーが経営学のなかの変革のリーダーシップ論において初めてブリッジズの説を広く紹介した。組織変革をテーマにする経営学者のティシーがどこからブリッジズに注目することになったのかは知らないが、「終わった」という認識がないと変革のドラマはなにもはじまらないという指摘に恐れ入ったのではないかと想像される。

変革には抵抗がワンセットになっている

変革の実行では、変革をおこなうひとと変革の影響を受けるひととの心の問題が重要になる。変革は未知の大海、それも怒濤《どとう》逆巻く大海に乗り出していくようなもので、どんな未知のモンスターが待ち受けているか分からない。変革をおこなうひとにはそうした恐れがあり、その恐れや不安を克服したひとだけが変革を成功させられる。

変革の影響を受ける人びとにも、恐れや不安、仕事が増えることはイヤだといった感情がある。その感情の強弱が、改革への反対や抵抗のレベルを決める。

L・コックとJ・R・P・フレンチに、「変革への抵抗を克服する」というタイトルの有名な古典的論文がある。これはハーウッド社のパジャマ縫製工場でおこなわれたフィールド実験をまとめたもので、パジャマを縫う作業手順を変えると、現場から総スカンを食らっている。

この実験から、二つのことが読み取れる。ひとつは、変革への抵抗は起こって当然ということだ。変革プランを練る段階で、現場のひとに参加してもらっていないことが多い。だから、皆によかれと思って変革プランをつくっても、反対が出てくる。この道具のほうが便利だ、このレイアウトのほうが人間工学的に楽だということが分かっていても、慣れ親しんだ方法には愛着心もあり、突然の変化には抵抗心が芽生える。企画段階から、変化の影響力をいちばん受けるひとを参加させておけば反対が起きないようなことでも、それを怠ると変化への抵抗力が発生する。

もうひとつは、先に述べたことから、変革への抵抗を克服しようと思えば、変革のプランニングの段階から、変革を導入した結果いちばん影響をこうむるひとに参加してもらうことがきわだって重要になる。そうすれば、抵抗を緩和したり、大幅に減らしたりすることが可能になる。結果を論文にまとめたコックとフレンチも、抵抗を克服する手段として、変革の結果大きな影響をこうむる人を、個人的に、あるいはグループとして変革のはじまる前の段階から参加させる重要性を説いている。

過去に、変革を試みて成功しなかった読者には、思い当たる節はないだろうか。前者の轍を踏まないために、今、変革の真っただ中にある方にひとつの問いかけをしたい。

「あなたは、変化の影響を受けるひとを変革のデザイン段階から参加させていますか。そうした人びとを参加させず、プランだけを伝えたり、実行したりしていませんか」

ただし、参加してもらう以上、変革のプロセスとそれによって生じると予想される事態をすり合わせる真剣な気持ちで参加してもらうことだ。変革はままごとではない、お人形さん的に参加してもらっても意味はない。

「変革を拒む33の憶見」

変革には抵抗がつきものであることの証明として、変革を語るさまざまなひとがさまざまな言葉で抵抗を解説している。ジョセフ＆ジミー・ボイエットの『経営革命大全』（前出）でも、モーガン・マッコールの『ハイ・フライヤー』（前出）でも、当然、変革への抵抗に触れている。

たとえば、『経営革命大全』には、ひとが変革に抵抗する主な六つの理由があげられている。その六つは、「否定的な結果をイメージする」「仕事が増えるのではないかという不安」「習慣からの脱却」「コミュニケーションの欠如」「組織全体にわたる調整の失敗」「社員の反乱」などからなっている。

半端でないすごいリストが二つあるので、ここに引用した。ひとつは、周りが自分に反対して組織変革が進まないときにながめるべき表（一一六〜一一七ページ）で、もうひとつはこの自分自身がうまく変われない、脱皮できないときに注視すべき表（一一八〜一一九ページ）だ。

前者は、ジェームズ・オトゥールの手になる「変革を拒む33の憶見」というリストだ。この33の憶見を読むと、誰でも思わずにやりとするか、膝を打たれるのではないかと思う。

そこで、彼の33の憶見を実際に生かすいい方法を考えてみた。

役員会などで変革のための提案をおこなうとき、このリストをコピーするなり、書き写すなりしてポケットに潜ませて出席する。変革のための提案に反対する役員がいたら、これは七番目、これは一二番目とかいって変革プランを通す。商船三井で飛行機の事業を起こしたひとも反対が出そうな会議では同種のリストを配ったという。

ちなみに、表にあるように、七番目は「自分にとっての利害（他人にとってはよいことかもしれないが、自分たちにとっては都合が悪い）」で、一二番目は「人間の本性（人間は元来、競争的で、好戦的で、貪欲で、利己的である。変革に必要な利他主義に欠けている）」になっている。

「われわれは平均化によってすべての知性を失う」

誰が言ったか知らないが、「日本社会は金平糖の角を落とすような議論が多い」という話を聞いたことがある。そこかしこに尖っている角があってこそ金平糖なのに、グルグル議論しているうちにひとりひとりが持っていた個性や創造性、つまり角がどんどん丸くなって、ありきたりのまるい意見になってしまう。

議論は、金平糖のこの角とあの角をもっと尖らそうという形でもできる。それが魅力的な議論のあり方だと思うし、金平糖の角を落とすような議論を議論と考え違いしているひとは、平均化の魔力にやられてしまっている。

『メガトレンド』で知られるジョン・ネイスビッツに、「われわれは平均化によってすべて

20. **スノー・ブラインドネス** ―― 集団浅慮、あるいは「長いものにまかれろ」的思考。
21. **共同幻想** ―― 人間は経験から学ぶことなどなく、何事も先入観で見る、という考え方。
22. **極端な判断** ―― 自分たちは正しい。自分たちを変えようとする者は間違っている。
23. **例外だという幻想** ―― よそでは変革が成功するかもしれないが、自分たちの所ではそうはいかない、という考え方。
24. **イデオロギー** ―― 世界観は人それぞれ。価値観というのは本質的にバラバラだ、という考え方。
25. **制度の固さ** ―― ひとりひとりの人間は変えられても、諸集団を変えることはできない。
26. **“Natura non facit saltume”という格言** ―― 自然に飛躍なし、という意味。
27. **権力者に対する独善的忠誠心** ―― 現在の方法を定めた指導者に背いてはならない。
28. **「変革に支持基盤なし」** ―― 多数派が変革に入れ込む以上の利害を少数派が現状維持に対して持っている。
29. **決定論** ―― 意図的な変革をもたらすことなど誰にもできないと決めつける。
30. **科学者きどり** ―― 歴史の教訓は科学的なものであり、そこから新たに学ぶべきことは何もない。
31. **習慣**
32. **慣習第一主義** ―― 変革促進者の考えを社会に対する非難であると受け止める。
33. **無思慮**

出典:ジョセフ・H・ボイエット、ジミー・T・ボイエット著『経営革命大全』pp. 54−55

ジェームズ・オトゥール：変革を拒む33の憶見

1. **ホメオスタシス（恒常性維持）**──変革は自然な状態ではない。
2. **前例主義**──現状は容認され、変革を申し出る側に立証責任がある。
3. **惰性**──進路変更のためには相当の力が必要である。
4. **満足**──たいていの人間は現状を好む。
5. **機が熟していない**──変革のための前提条件がそろっていない。タイミングが悪い。
6. **不安**──人は未知のものを恐れる。
7. **自分にとっての利害**──他人にとってはよいことかもしれないが、自分たちにとっては都合が悪い。
8. **自信の欠乏**──新たな挑戦に耐えられる自信がない。
9. **フューチャー・ショック**──変化に圧倒され、うずくまって抵抗する。
10. **無益**──変革はすべて表面的であり、見かけ倒しであり、幻想だ。そんなものには関わらない。
11. **知識不足**──いかにして変化するのか、どのような状態に変わればよいのかがわからない。
12. **人間の本性**──人間は元来、競争的で、好戦的で、貪欲で、利己的である。変革に必要な利他主義に欠けている。
13. **冷笑的態度**──変革促進者の動機を疑う。
14. **つむじ曲がり**──変革はよさそうに思えるが、意図していなかった悪い結果が生じることを恐れる。
15. **一人の天才vs大勢の凡人**──われわれ凡人の頭には変革のための知恵など湧いてこない。
16. **エゴ**──自分たちの間違いを認めることに強い抵抗がある。
17. **短期思考**──すぐに満足できないことはイヤ。
18. **近視眼的思考**──変革が結局はより広い視点から見ると自分のためになることが理解できない。
19. **夢遊病**──大半の人間は、よく考えもせずに人生を送っている。

・ほかのことに興味を持っている ・ほかの人が変化を認めない ・変化は痛みを伴い、屈辱的 ・未知に対する恐れがある ・ミスが怖い ・失敗に対する恐れがある ・以前に変化を試みて失敗した ・体験することに対する恐れがある ・好かれる必要がある ・自己像を脅かされる ・プライドが高すぎる ・支援が得られない ・忙しすぎる	・ほかの人も変わっていない ・ほかの人が変化を認めたがらない ・ごまかして報告する恐れがある ・傲慢 ・変化しようとしている間に誘惑に負けやすい ・自分がそれほど優秀でないかもしれないという恐れ ・怠惰 ・自分に自信がある ・自信を揺るがしてしまう ・自己像をゆがめられる ・他者に脅迫される

出典：モーガン・マッコール著、金井壽宏監訳『ハイ・フライヤー』pp. 232−233

人が変わらない理由

- 要領を得ないフィードバック
- フィードバックの欠如
- メッセージが信頼できない
- メッセージを受け入れない
- 自己像に一致しない
- 自分へのあてつけとしてとらえてしまう
- 批判にうまく対処できない
- 出所が信頼できない
- 不愉快な事実が真実であることを恐れる
- 良くない内容を聞くと傷つく
- 否定的なフィードバックを正しくないと思う
- 変化に対する刺激誘因がない
- 時間とエネルギーがかかる
- 利点が不明瞭
- 変化に対して個人的に関心がない
- 何を変える必要があるのかよくわからない
- 何が本当に重要なのかわからない
- 変化する方法を知らない
- 役割モデル（手本となる人物）がいない
- 今のままが快適
- 変われない
- 無能だと感じる
- 状況が変わらない
- 雑多でまちまちのメッセージ
- メッセージが理解できない
- 耳を傾けない
- 失敗や欠点を許容しなければならない
- 全く聞いていない
- 過度に反応する傾向がある
- 他者の動機に疑いを抱く
- 他者が本当の自分を理解していない
- フィードバックの提供者を信用しない
- 否定的なフィードバックを正しくないと思う
- しかられている子供のような気分になる
- 現状でも評価を得ている
- 利益よりも損失のほうが大きい
- 外部から影響を受ける
- 変化に特に重要性を見いだしていない
- 変化によって何が生じるのかよくわからない
- 重要な事柄をあきらめる必要がある
- 実践する機会がない
- 今のままで成功している
- 変わりたくない
- 愚かなことに思える

の知性を失う」という言葉がある。ネイスビッツの言葉はちょっと言いすぎかもしれないし、「すべての知性を失う」という表現はヘビーすぎるきらいもある――平均値の計算や多数決が役立つこともある。

ただし、日本人は気にしたほうがいいアドバイスかもしれない。平均化の対極にある概念として、個性やオリジナリティが浮かぶ。「郷に入れば郷に従え」「出る杭は打たれる」「長いものには巻かれよ」といったことはどこの国、どの企業にもあるが、日本と日本企業には、協調性を求めるあまり、突出した個性を嫌う傾向がいまだに根強く残っているからである。

わたしにも、こんな経験がある。昔、ある会社の研修の打ち合わせのときに、「やはり大学の教師だったら、そんなことはできないですよね」と言ったとき、「ぼくはそういう考え方はしないんです」と、慶應義塾大学の金子郁容さんから言われたことがある。「そういう考え方」というのは「大学の教師」という枠にはめた考え方で、「大学の教師は」と言ったときのわたしは平均化の罠にはまっていた。枠から出ると、よく英語表現で言われる〝out of box〟こそ変革の試金石なのに。

かといって、平均化が絶対悪というわけでもない。カール・E・ワイクにとっての適応も、ローレンス・ピーターにとっての無能レベルも、平均化のほうに向かってしまう気持ちを正当化する。結局、この組織になじむほかないのでしょう、ここでこれ以上は無理というぎりぎりまでがんばるのでしょう、とよく言われるので、自分を周りに合わせるという気持ちが、正直言って人間の性としてある。だから全否定しきれないけれど、その一方の性として、「みんなと一緒だったらイヤだよね」という気持ちもある。昔、制服があったとき、「学生服じゃないほうがなぜいいのか」と聞くと、「個性を出したいから」という答えが多かった。でも、ユニフォームがあると毎朝なにを着ていくのか悩まなくていいという声もあがった。両面あるのだ。

組織変革は、平均化して丸くなってしまった組織、パワーを失った組織に活力をよみがえらせる取り組みにもなる。金平糖らしくするために、金平糖のどの角をより尖らせればいいかを模索するようなものだ。だから、知力と体力を振り絞る必要があり、ネイスビッツが言う「知力を失わせる平均化」を避ける必要がある。個性を伸ばし、変革に挑み続けるための角を落とさない、金平糖宣言をしよう。

しかし、現実はどうだろう。皆の意見のデコボコを調整する議論とか、強引に結論を出すために足して二で割るような方法を取っていないだろうか。そこから生まれるのは、大胆な判断や新しい着想のない折衷案でしかない。どっちつかずの折衷案を航路図にすると組織は大きく変われないし、変革は成功しない。

「王様は裸だ」と誰が言うか

子供の頃、アンデルセンの「裸の王様」という寓話を読まれたと思う。「本当はなにも着ていないのじゃないか、裸じゃないか」と内心では思っているのに、「素敵な服です」とうやうやしく言っている人びとのなかでは本当のことが言えない。それが、「王様は裸だ」とひとりの少年が叫んだとたん、枠から出られなかった大人も「ああ、王様は裸なんだ」と言えるようになる。

個人としては正しい判断ができていたはずなのに、集団の多数意見に負けて自分の意見を変えてしまった経験はないだろうか。ある一連の実験で証明された事実から、ひとには意外に集団圧力に弱いところがあると、ソロモン・E・アッシュは主張している。

この実験は、表向きの被験者は八人になっているが、本当の被験者はひとりしかいない。あとの七人はサクラで、本当の被験者は七番目に座っている。八人には二枚のカードが見せられ、Aのカードには長さの異なる三本の線分が描かれ、それぞれに1、2、3と数字が振られている。Bのカードには、一本だけ線分が描いてある。

アッシュの実験は、Ｂのカードの線分の長さがＡのカードの1、2、3のどれと同じかを判断してもらうもので、一八回このような判断をおこなわせる。ただし、そのうちの一二回については、サクラの七人が口をそろえて誤った判断をしてみせることになっている。

こんな単純な知覚と判断であれば、他のひとがなにを言おうと、自分の意見を正しいと貫けそうな気がするが、本当の被験者五〇人のうちの七四％のひとが少なくとも一回は、他の七人に同調して誤った判断をしている。ひとりは、一二回中一一回も間違えている。

自分の前の六人が誤った答えを言ったあと、自分が正しいと思う意見を述べる。しかし、自分の次のひとりがまた誤った答えを言うと、自分の意見がぐらついて誤った意見に同調するようになる。この実験では、七割以上のひとが集団圧力に屈することが示されているが、少し条件を変えると、結果はかなり異なったものになる。自分と同じ意見をいうサクラをひとりでも混ぜると、集団圧力による誤答率は激減したのである。しかし、現実には、誰がそのひとりになってくれるかがいつも問題になる。

さて、この「裸の王様」の少年や、アッシュの実験において、正しいことを言うひとりのサクラは、どのような意味合いを持っているのか。読者の皆さんがおかれたひとりひとりの状況に合わせて考えてみてほしい。

たとえば、変革チームのなかで課題を設定するとき、自分だけが周りのメンバーと意見が違うことがある。このとき集団圧力に負けて（長いものに巻かれて）、自分が正しいと思う意見を述べなかったり、撤回したりしてしまうことがあげられる。しばしばタイミングや勢いが大切になってくるのであとでその意見が正しいことが証明されるような遅ればせのイニシャティブによる変革は、まず成功しない。

また、変革のノロシ自体にかかわる部分もある。「裸の王様」でいうと、「王様は裸だ」と叫ぶ少年に誰がなるかという問題だ。経営トップ以下、周りのひとは変革の必要性を認識していない。あるいは、心のどこかでそう思っていても、自分からは言い出しかねているようなケースになる。

この問題にあまり気の利いた答えはないが、複数の変革賛同者を募り同時にノロシをあげたほうが有利だとはいえる。ミドル・レベルだと、誰かが言ったあと順繰りになびくようなことをやれば、最初のひとのリスクが大きすぎる。だから、そこかしこで同時にノロシをあげる。社長はひとりしかいないが、ミドルは複数いる。ここがポイントで、複数のミドルが同時に声をあげれば社長は裸である自分に気づきやすいし、リスク分散にもなる。

集団で考えるほうが過ちをおかしやすい

アッシュの実験における集団は、実験室で出会った人びとの集まりにすぎない。そのような人為的な短時間の集まりでも集団圧力が生じるのであれば、現実の組織変革のようなケースでは集団病理はどのようになるのだろうか。

この点に関し、『リーダーが決断する時』という翻訳が出ているアーヴィング・Ｊ・ジャニスの研究は、実験室で人為的な課題にとりくむ集団ではなく現実の政策決定集団をとりあげた。ジャニスは、一連の研究を通じて、集団で考えると、ひとりひとりが優秀なひとであってもかえってまちがった決定がなされると指摘している。

ジャニスは政治の場面に心理学的分析を導入した学者で、ケネディ政権下の「ウィズ・キッズ（賢いヤツら）」といわれた政策ブレーンを研究した。ブレーンとしてはロバート・マクナマラ、マクジョージ・バンディといった若き俊秀が集っていた。

彼らはひとりひとりのすぐれた個性、優秀さにもかかわらず、政策決定集団としていくつかの大きな過ちをおかした。たとえば、ピッグス湾侵攻事件（カストロの革命政府を転覆させるため、アメリカ海軍やＣＩＡが、キューバ人亡命者の部隊によるキューバのピッグス湾への侵攻を支援した一九六一年の事件）や、のちにエスカレートしていくベトナムへの介入などがその代表になる。もちろん、すべての政策決定が誤りだったということではないが。すぐれた個人から成る集団でも、内輪で親密かつ内向きになりすぎて外界の声から隔絶されてしまうと、かなり病理的な集団決定をおこなうことがある。力のある（あるいは、そう見える）リーダーの提示する判断があやしげでも、疑問が提示されなくなる。集団で考えるとかえって深く考えずに決定がなされてしまう病理、あるいは集団のほうが実は過ちをおかしやすいという病理を、ジャニスは「集団浅慮《せんりょ》（グループシンク）」と呼んだ。

集団浅慮の症状として、ジャニスはタイプを三つあげている。

第一のタイプは、相手に負けたり、倫理的に誤った決定などしたりしないという自集団への過剰評価。第二は、集団外部のことに耳を傾けない閉鎖的な発想法。第三が、皆が一丸となって決めているのだという画一性や同調への圧力の存在である。これら三つの集団浅慮を導くメカニズムから、結果として「他の代替案を十分に調べあげないこと」「はじめのうちに捨て去った代替案を再評価しないこと」などといった意思決定の症状が生まれる。

一般的に、変革のプロジェクトには有能な（または、そう思われている）ひとがメンバーとして参加を要請されることが多い。優秀なひとがいるのに変革に失敗した会社、あるいは現在進行形の変革がなかなかはかどらない会社では、プロジェクトの意思決定が、ジャニスの示したタイプの集団浅慮やそれに起因する誤った意思決定の症状に陥っていないかどうかチェックしたほうがよい。

リスク・テーキングという点では、「集団浅慮にみまわれたほうが新規事業などは起こしやすいかもしれない」という意見を、有力な経営学者から聞くこともある。実際、新規事業を立ち上げる仲間内では、いい意味での錯覚や自信も確かに必要だ。敵を過小評価するのはよくないが、自分たちの志の高さ、夢の魅力を信じるあまり、「俺たちは間違えない、人間的にもＯＫだ」と、お互いに評価し合ったりしないと最初の一歩を踏み出せないから。ただし、変革で新規事業をテーマにするような場合、先の金平糖の角を取るような議論や平均化の罠ではないが、集団思考のほうが個人の創造性を妨げるリスクが大きいことは真剣に受け止めなければならない。この集団のマイナス面と、個人では出てこないアイデア、知恵、勇気が（浅慮とは紙一重なのだが）生まれるという集団のプラス面がせめぎ合う。

団結だけでは大きな成果は得られない

アーヴィング・Ｊ・ジャニスの集団浅慮には、「意思決定する人びとが凝集性の高い集団を形成している」という先行条件がある。集団凝集性（group cohesiveness）というといかにも固い表現だけれど、要は集団の団結の度合と思えばいい。普通、団結はいいことと考えられているので、強い団結が誤った意思決定にかかわってくるというのは逆説的だ。ただし、これは集団浅慮が生じる原因の必要条件であって、十分条件ではない。

集団の団結をもう少し考えてみよう。たとえばあなたが学生のとき、よくまとまっているゼミとわりとばらばらな感じのゼミがあったと思う。会社でいくつかのセクションを経験しているひとは、まとまりのある部署とあまりまとまりのない部署のことを思い出してもいい。この二つの集団を比較して、どちらのほうが大きな成果をあげるだろうか。一見すると、凝集性の高いゼミや部署のほうが成果が高いと考えられがちだが、本当にそうなのだろうか。実は、スタンリー・シーショアの研究から、集団凝集性と集団の業績との間には、首尾一貫した関係が見られないことが分かっている。つまり、「団結度の高さは必ずしも成果・業績には比例しない」と言えるのだ。

この二つの関係を解くカギが、集団の持つ規範（group norm）だ。「がんばって高い業績をめざそう」という規範を持っていれば、凝集性の高い集団ほど業績も高くなる。しかし、「手抜きでいいわ、気楽にいこう」という規範を持っていると、凝集性の高い集団では皆がそろって手を抜くことになる。だから、かえって業績が低くなる。

団結度と業績との間は、今のように、集団の持つ規範に左右されるという表現もできる。また、団結心がもたらすものは高業績ではなく、人びとの行動の間のバラツキを減らすことと言ってもよい。団結心が低いと業績が下がるのではなく、がんばるひとはがんばるが、やらないひとはやらない。そういったバラツキが大きくなるということである。

日本人、日本の会社、日本社会では、昔ほどではないものの、やはり団結心を尊ぶ傾向がまだまだある。団結はそれ自体は悪いことではないが、団結だけでは大きな成果は得られない。高業績、大成果を達成するためには、それをめざす集団規範が集団の団結とセットにならなければならない。組織変革でも、「はじめに団結ありき」とか「団結さえしていればやり遂げられる」は通用しない。団結しているわけが問われないといけない。

意思決定の〝ゴミ箱モデル〟

変革にまつわる意思決定について、もうひとつだけ言及しておきたい。

変革にはビジョンが必要だと言われているし、わたしもそう主張している。ビジョンが大事というだけでは話が大ぐくりすぎるのでより詳細な議論は第６章でおこなうことにして、ここでは、議論や合理的な意思決定を阻むゴミ箱という名の障害物にふれておこう。変革を導くビジョンの生成とできあがったビジョンへの納得感は、平均化とは違う視点で火花を散らす侃々諤々《かんかんがくがく》の議論が起こるような場がないとなかなか生まれないものだ。しかし、変革の正しいビジョン描きを不可能にしかねない意思決定の要素がある。それがゴミ箱モデルという一風変わった名前の理論的モデルで、スタンフォード大学のジェームズ・G・マーチが提唱している。

一九五〇、六〇年代に意思決定論を精力的に築き上げてきたのがカーネギー－メロン大学だ。今はスタンフォード大学の組織論の看板教授であるジェームズ・G・マーチもかつてはカーネギー学派の中心人物のひとりだった。カーネギー学派のモデルでは、意思決定のプロセスは「情報収集活動（intelligence）」「意思決定の選択肢の列挙（design）」「実際の選択肢（choice）」「結果の評価（evaluation）」の四ステップを踏むと想定されていた。

合理的な決定はたぶんこのように進むのだろうが、実際の意思決定はこうきれいにはいかない。マーチが提唱したゴミ箱モデルでは、きれいな順ぐりのステップがあるというより、四つの勝手な流れがせめぎあっている。問題の流れ、解の流れ、参加者の流れ、そして選択機会というゴミ箱をめぐる四つの流れがある。

具体的な話として、たとえば新製品開発について意思決定を迫られているとしよう。会社のなかには、どんな案件であっても「問題はここだ」と指摘するひとが往々にいる。ひとつの例をあげると、「俺たちが冴えないのは、A事業からまだ撤退していないからだ」と、新製品開発でもどんなテーマでも、つねにA事業の問題から入るようなひとである。この場合、問題は問題で独自の流れを持つ。

他方で、そこで問題になっていることがなんであっても、ある特定の答えに思い入れを持っているひともよく存在する。たとえば、案件が新製品開発であってもそれ以外でも、「解決法はITへのさらなる投資です」と思っているひとがいたりする。この場合、解は解で独自に流れを持っている。

また、誰が会議に参加しているかによって、実際の意思決定は大きく左右される。会社でも、「あのことをあの方向で決めたいのなら、Bさんは呼んだほうがいいし、Cさんがいないときに決めたほうがいい」といったことがあるはずだ。これが、参加者の流れになる。

選択機会は、問題を指摘するひと、解を主張するひと、参加者の流れといった独立した流れの合流する場になる。そこでの意思決定は、合理的でリニア（直線的）なステップを経ておこなわれるというよりも、合流したときに、ゴミ箱（選択機会）にぽんと投げ捨てるようになされる、とマーチは考えた。

ゴミ箱モデルは意思決定にまつわる論文だけでなく、『*Leadership and Ambiguity*』という学長のリーダーシップを研究した書物のなかでも取り上げられている（ほかならぬマーチ自身も、スタンフォード大学以外の大学であったが学長としてリーダーシップをとる難しさに手を焼いた）。大学という組織は目標にけっこうあいまい性があり、その目標が定まってもどうやればうまくいくかという因果のマップが明確に描けていないことが多い。また、なにが自分たちの活動を支えるテクノロジーなのかという点も工場などと比べるとはっきりしていない。このような特徴を持つ領域だと、意思決定モデルが、合理的なモデルよりもゴミ箱モデルになってしまいがちだ。マーチはそのことを大学の管理や経営で発見した。

こんなひどいことが起こるのは大学だけだと思わないでほしい。一見すると自由で伸び伸びとして創造的な活動をしている分野では、企業のなかでもこういうことが起こりうる。目標のあいまいさ、定まったテクノロジーの欠如は、いろんなことを試行錯誤する自由を与えるが、意思決定はゴミ箱化されやすくなる。

ゴミ箱モデルで意思決定がなされるとすると、情けない意思決定、情けない内容の変革になることもありうる。会議がゴミ箱になって機能不全になると、そのような場から本当に必要で正しい変革のビジョンを描くことはまず不可能になる。

ただし、このことを承知のうえで、ゴミ箱を変革のためにうまく使うひともいる。たとえば、このメンバーであれば改革の態勢は一気に決まるとか、あの常務がいるかぎり改革案は通らないといったとき、常務が海外出張中に、社長が招集した会議で議決すれば案は成立する。多少後ろめたい気持ちになるかもしれないが、社長が参加してＯＫを出していれば問題にはならないだろう。

やる気のあるミドルほど、無力感を学習しやすい

意思決定プロセスの現実がゴミ箱モデルのようにはならずにきちんとおこなわれたとして、いったんスタートした変革をやり通していくにはコアとなる存在がいる。誰が変革を担うコアになるのかを考えると、トップに名君がいて、上からのイニシャティブというのがひとつの理想のパターンだ。でもいつも名君にめぐまれるとは限らないし、名君でも自らは現場から距離感があったりする。そういう場合は、そこそこの実務経験もあり、会社の実情にも通じ、知力・体力ともにまだ衰えていないミドルが中心となりつつ、改革派のトップとつながっているのがよい。

そのような期待があるものの、ミドルも疲れている。困ったことに自らのイニシャティブ

で変革を起こそうとしたミドルほど、いっそう疲れている。この点については、「変革指向のミドルほど、無力感を学習しやすい」というちょっとドキッとする表現をあえて使っている。これは、すぐれた変革の研究書である『ザ・チェンジ・マスターズ』を世に送った社会学者R・M・カンターの調査結果と、M・セリグマンの学習性無力感というアイデアとを結びつけて、仲間うちで私が言いはじめた言葉だ。

カンターの処女作はヒッピーコミューンの研究で、そのコミューンのなかで、どういうコミットメントが生じているかを研究課題にした。その次に有名になったのが『企業のなかの男と女』で、この著作で社名がインドゥスコ社となっている調査対象企業が実はIBMであった。彼女は、今までの経営学は男性の視点からの経営学だといって、わざわざ「男と女」と書名でも断っている。秘書やエグゼクティブの奥さんにも調査の範囲を広げた。会社のなかには目に見えない機会の構造があり、女性には制約があった。少数派であるだけで女性の行動が影響を受けていた。その次の著作が、代表作の『ザ・チェンジ・マスターズ』になる。

カンターは、変革の達人といわれるチェンジマスターの特徴をいくつかあげている。『創造するミドル』でも詳しく紹介しているので、ここではポイントだけを述べてみる（くわしくは第5章でもう一度述べたい）。

環境に大きな変化がなく、組織が合理的に設計されていて、管理の仕組みもうまくできあがっていて、上司の言うことが理不尽でもないとする。そして、マネジメントをやっているミドルが野心家でも夢追い人でもなければ、革新など考えず、言われたことをきちんとやっているのがいちばん楽だ。「楽」は言い過ぎだとしたら、それが「大過なくすごす」ということだ。

それと比べると、自分なりの計画とは両立するけれど別個の大きなアジェンダやビジョンを描き、組織図と両立するけれども、自分なりにネットワークづくりをするミドルのほうが大変だ。楽をして変革を起こし変革の最後まで成し遂げることはできない。大きいことをめざすほど反対者も出やすい。エネルギーも多くいる。失敗の恐れもあるから「大過なく」ではすまなくなる。そのように承知のうえで何度も変革のノロシをあげながら途中で頓挫していたら、やる気があってがんばるミドルのほうが無力感を感じている可能性がある。

この学習性無力感は、一九九九年にはアメリカ心理学会の会長にまでなったM・セリグマンが若いころに、やる気をなくした犬を見たのをきっかけに洞察した考え方だ。セリグマンは、実験で使う犬のなかに電気ショックを与えても逃げない犬を発見する。他の研究者はそんな犬だと実験ができないとこぼすだけだが、セリグマンはなぜその犬が無気力になるかに興味を持った。

セリグマンたちの実験で、犬は肩の高さぐらいの仕切りが真ん中にある箱（シャトルボックス）に置かれる。犬はその仕切りを越えて負の刺激（電気ショック）を避けたり、正の刺激（餌）に接近したりするようになっている。

仕切りを越えないと電気ショックが回避できない状況に、まず犬は置かれる。しかし、越えた先でもやがては、実験の進展につれ再び電気ショックがくる。こんな実験を繰り返し受けているとシャトルボックスという世界のなかで、犬はどんなアクションを起こしても電気ショックから逃げられないというあきらめの境地に達する。そうなると、電気ショックに反応しなくなる。この無気力は生まれつきでなく学習されたものだ。自分の世界は自分では変えられないと学習してしまう。だから、電気ショックがきても動かなくなる。

こうした無力感は学習の成果で、生まれつき無力なわけではないので、「学習性無力感(learned helplessness)」という言葉がセリグマンによってつくられた。やる気満々のミドルが大きな変革を志せば志すほど、変革の大きさに比例した反対に遭う。未達の課題に関しても、「なにくそ、がんばるぞ」という緊張感以上に無力感という世界にやられてしまったら、もう変革を起こそうとしなくなる。

大過なくすごしている冴えないミドルを見ていてもわくわくしない。でもけっこう余力を温存している。これに対して、がんばっているミドルほどへとへとに疲れている姿を目にする。これだと、次代を担う若者たちの間に、どちらのミドルを見てもああはなりたくない症候群が増えていくことも考えられる。そうなると、変革のポテンシャルはますます低下するし、変革のリーダーシップを執るひともますます減っていく。

トップの危機感がミドルをなえさせる

変革の主体としてミドルを考えるとき、もうひとつの懸念もある。それは経営トップが変革の重要性や必要性を思い知らせたいと望むあまり、過剰に危機感をあおってミドルをなえさせてしまうという懸念だ。この懸念はリーダーシップにかかわる部分も大きいが、変革のテーマはいずれもリーダーシップと入れ子状になっていることが多いので、ここで触れることにしたい。

この項目を入れるきっかけは、いまだに脳裏に鮮明に焼きついているあるシンポジウムでのミドルの発言にある。正確ではないが、次のような内容だった。

「先生はなぜ、ぼくたちミドルを励ますのですか。ぼくたちは、いつも飛びあがってきたのです。会社が危機だ、のんびりしていたら熱湯がかかるぞとトップにあおられて。もうそろそろゆであがってもいいんです。もう励まさないで。いっそゆでガエルになって安楽死したほうが、楽なんです」

そのシンポジウムは、ミシガン大学のノール・ティシーを日本に迎えて開催されたものだった。

ゆでガエルの話はあまりにも有名だが、カエルを一匹は熱湯に入れ、もう一匹は水に入れてとろ火にかけると、どちらが生き延びるかというものだ。答えは、熱湯に放り込まれたカエルは環境の変化が大きく、跳びはねる力がある間に一気に熱湯の外に飛び出て生き延びる。一方、とろ火で温められる水のなかのカエルは、徐々に温まっていく間に飛びあがりそこね、ゆであがって命を失う。ティシーの本音が、「ゆでガエルにならず、飛びあがるカエルになりなさい」というところにあることはいうまでもない。

この講演の翌日、野中郁次郎教授がシンポジウムの総括講演をおこない、質疑応答に入った。このときに、先のミドルの発言があった。

心理学の本を読むと、ふたりの心理学者の名前を取った「ヤーキーズ＝ドットソンの法則」というのがある。縦軸に学習の成果、横軸に緊張とかストレスのレベルを引くと、ストレスが高くなるほどパフォーマンスはよくなる。ただし、ある一線を越えると、パフォーマンスは低下する。どこかに最適ストレスがあることになる。

これまで危機感や緊張感が大事とは言ってきたし、K・レヴィンの「緊張下のシステムが個体を動かす」という考え方も紹介した。しかし、ひとが耐え切れないほど危機感が大きくなってしまうと、ひとは過緊張から動けなくなる。環境からのストレスが脅威レベルになって動けなくなることを、「脅威→硬直性」仮説（threat-rigidity hypothesis）という。

脅威が硬直性をもたらすというこの仮説は、個人レベルでも集団レベルでも組織レベルでも成立するので、複数のレベルで成り立つ命題と言われている。個人レベルでは、恐怖やショックで腰が抜ける場面、あるいはあがってしまってうまく話せなくなる場面などを想起してもらえばよい。ヤーキーズ＝ドットソンの法則が示すとおり、脅威が大きすぎて過緊張になると動きも学習もこわばってしまう。集団レベルの例として、MITのデボラ・G・アンコーナーは、グループごとにシミュレーションゲームをやるとき、ある一定の限度を超えた強さでパニックになるような場面に置かれたグループではうまく集団意思決定ができなくなると、報告している。

組織レベルでいえば、IBMは、RJRナビスコを再建したルイス・V・ガースナーがC

EOに就任したおかげでよみがえった。「クラッカーを売っていた男になにが分かる」とガースナーは揶揄《やゆ》されたが、ガースナーは見事にビッグブルーを復活させた。ジョン・エイカーズの後継CEOが凡庸な人間であったら、IBMの置かれていた大きな脅威の前で硬直し、立ち直れなかった可能性がある。

日本の経営者は、危機感をあおれば組織は変わる、変革がうまくいくと故意に錯覚しているか、思い込もうとするところがややもすればいきすぎているように思える。確かに危機感は大事だ。でも、煽るばかりではいただけない。程度というものがある。個人も、集団も、組織も、脅威がほどほどであれば危機感や最適ストレスになり、そこから変革も学習もはじまる。しかし、あるレベルを超えると硬直を招き、判断停止になりかねない。組織変革がなかなかうまく運ばないひとつの視点として、リーダーが発する危機感のシグナルのあり方も大切なポイントになる。

「先行き不安」と「学習することの不安」

危機感と関連するテーマで、組織変革で気をつけなければならないものにSAとLAの関係がある。SA（Survival Anxiety）は「このままではダメになりそうだという不安」で、

ＬＡ（Learning Anxiety）は「新しいことを学習する不安」である。

ＳＡとＬＡはＥ・Ｈ・シャインの言葉だが、今わたしたちが翻訳中の本『*The Corporate Culture Survival Guide*』（『企業文化―生き残りの指針』）で初めて登場した。変革が生じるための条件はＳＡとＬＡとの関係で示すことができる。「変革をうまくやろうとすれば、ＳＡ＞ＬＡでなければならない」と、シャインは主張している。

個人レベルの例示として、パソコンができず、ｅメールもできない課長を考えてみよう。今の時代、大事な情報ほどｅメールでやりとりするので、このままでは、この課長は仕事で生き残れない。そういう不安を持つことだろう。これがＳＡに該当する。パソコンの勉強もささやかだが個人レベルの変革のプロジェクトだとすればＳＡの高まりは、そのきっかけのひとつとなる。このままでは生き残れないという不安をバネにパソコンの勉強（変革）をおこなうとパソコンができる人間に変われる。

誰だって、まったく新しいことを学ぶときにうまくやっていけるのかどうかと不安になる。これがＬＡで、変革を促進するにはＳＡを上げる以外にＬＡを下げる道もある。そのときパソコン操作をミドルにも楽しく、わかりやすく教えてくれるひとがいてくれたら、それがＬＡの軽減になる。逆に、アーキテクチャーがどうのとか、プロパティがどうのとか難しいことを言われると、ＬＡが高くなり、パソコンに向かおう、マスターしようという気持ちが殺《そ》がれてしまう。しかし、感じのいいインストラクターが「難しくありません。やさしく教えてあげますよ。マウスを動かすことからはじめましょう」とでも言ってくれれば、ＬＡは下げられる。

ＳＡ＞ＬＡにしようとすると、二つの方法があると述べた。ひとつはＳＡを高めることで、もうひとつがＬＡを下げることになる。経営者はＳＡを高めることばかり躍起になっているが、ＬＡを下げること（学習することは不安なことではないと思ってもらうこと）をもっと考えるべきだ。この方程式のアイデアを出したシャインは、一生懸命にこのように訴えている。逆に言うと、単純すぎる不等式だが、このことを経営者にわかりやすく説明するためにＳＡ＞ＬＡと表記したのではないだろうか。

ＳＡを高める方法は緊張感、危機感を大きくすることであり、放っておくとゆでガエル系の話につながる。緊張感、危機感に訴える方向にいく。経営者はひとを脅すばかりでなく、ＬＡを下げる知恵をもっと働かせ、と言っているのだ。

学習の不安を下げることとは、実は非常に大事だと思う。新しい世界に入っていくのに、このままではだめという不安だけを高め、だからいきましょうと背中を押すのではなく、「そっちもおもしろそうじゃないか」という気持ちを持たせることが大切だろう。そのおもしろそうという感覚は、学習することへの不安を軽減・除去することから生まれてくる。

組織変革ではSA（危機感に訴えること）も大事だけれど、それだけですませてはいけない。「これをやらないと会社が危ない」とSAを高めるだけでなく、「これができたら会社はこんなに変われて、従業員も得だよ」と伝えつつ、きちんと支援していく。

ティシーのゆでガエルではないが、まず、このままではダメだとSAに訴えて飛びあがってもらうためには、危機感が確かに必要だ。しかし、いったん飛びあがったあと必要なもののひとつは、ゴールに向かい飛び続ける気にさせてくれるエネルギーだ。そのようなエネルギーの源泉になるのがビジョンだ。ビジョンが示されて、そこに向かう気持ちを側面から支援するのがLA低下への働きかけだ。変革に伴う学習に関して、未知のものに向かう気持ちを一方でビジョンで鼓舞し、他方で学習プロセスそのものを支えて不安を除去する（LAの軽減・低下につなげる）ことが肝要だ。

「温存のバイアス」をどう切り捨てるか

読者のなかに、盲腸を手術したひとがおられるだろう。そうしたひとに、お尋ねしたい。

「ある朝起きて、虫垂が非常に重要な機能を果たしていることが大発見として報じられていたら、あなたはどうしますか」

しまった、と思われるかもしれないけれど、そう思っても、取り去ってしまったものはもどらない。本当に盲腸に非常に大切な機能があるとすれば、科学の発達が人工盲腸をつくり出すこともあるだろう。

機能主義的に見れば、ほとんどの世に存在するものは、より大きなシステムになんらかの役割を果たしているから存在する。会社のなかの人事部も、特定の事業部も、身体のなかの胃も肺も、より大きなシステムに貢献しているから存在する。この考えでいくと、存在しているのはなにか役に立っていたはずだから置いておこう、という考えに傾く。

会社には、今なぜこの儀式や慣習があるのか分からなくなっているようなものがある。そうした儀式や慣習でも、今まで続いてきたかぎり、なにか存在理由があるはずだ。そのように考えると、「だから、残しておこう」という発想になる。研修などでも、「役に立った」とたったひとりが感想文で書くと、役目はとうに終わっている研修でさえ翌年も繰り返されることがある。

機能主義のひとたちは、今は役目を果たしていないのに残っているもののことを「ファンクショナル・リジデュアル（機能的残滓《ざんし》）」と呼ぶ。残滓とはなかなかすごい言葉を使うと思うが、機能主義の立場からすれば、尾てい骨とか盲腸も機能的残滓になる。

先の儀式や慣習ではないが、今どんな役に立っているか分からないもの、あるいはほとんど役に立っていないと思われるものでも、ひょっとして目に見えないどこかで役に立っているかもしれないと思うと、除去が難しくなる。これを「温存のバイアス」と呼んでいるが、そうなると組織はお化けになり、機能的残滓だらけになる。

組織変革でも同じことが言える。組織変革の必要性は十分に認識できても、本当は不必要なものまでなにかの役に立っているかもしれないと思ってしまうと、本来は摘出したほうがいい機能的残滓も残しておこうかという考えに陥ってしまう。

組織変革とは文脈が違うが、捨てる技術にまつわる本がしばしばベストセラーになる。わたしの研究室を見た方は驚かれると思うが、ひどく散らかっている。足の踏み場もないほど本や資料であふれている。研究面で一皮むけようと思えば、荷を軽くしないといけないと思いつつ、なかなか本や資料を整理できない。ウィリアム・ブリッジズのトランジション論からいくと、「新しい研究で一皮むけるためには、しっかりと終わる必要があるなぁ」とは思うが、なかなか整理できない。

捨てる技術の本が注目されている理由は、放っておくといらないものまで温存させてしまうからにほかならない。そして、厄介なことに、ひとの心には温存のバイアスがかかりやすい。組織変革の文脈で考えると、温存のバイアスをどう切り捨てるかも大切になる。あらゆるものに温存のバイアスが働けば、どこから変えていけばいいかも見えなくなる。変革のプランは骨抜きになり、ナマコのようなグニャグニャしたプランになってしまう。

会社の不文律が変革を阻む場合もある

アーサー・D・リトルというコンサルティング会社の経営コンサルタントであるピーター・スコット－モーガンの著書に、『会社の不文律』がある。

組織文化の理解・解読には文物・価値観・仮定の三つのレベルがあり、いちばん深い仮定レベルは組織の大半の成員がもう当たり前と思っているだけに変えるのは難しいというエド・シャインの考え方を先に紹介した。

シャインの考えと接点があるものとして、「組織の不文律が変革を阻む場合もある」という、このピーター・スコット－モーガンの指摘もある。「組織の不文律」とは、「どこの会社でもこうやったらうまくいくものだと、誰も研修では教えてくれないけれど、うすうす皆が知っているこの会社での生き方」のようなものともいえる。

スコット－モーガンのいう不文律は、「モチベーター（動機づけ要因）」「エネーブラー（動機実現促進者）」「トリガー（動機実現の引き金、できるという気持ちになる契機）」の三つの側面から成り立っている。

モチベーターは、いったいなにをしたいのか、なぜそれをしたいのかに関して、人びとが持つ動機や欲求にかかわる。エネーブラーは、「enable（可能にする）」からも推測されるように、やりたいことを実現するのを助けてくれそうな役柄を指す。組織のなかの誰がそうした人物であるかという観点から、「影の組織図」が描かれることになる。トリガーは、どうすれば、どのようなことから動機が実現していくかというきっかけになる。

興味深いことに、スコット－モーガンの提出したこの三側面は、キャリア論の大御所のひとりＭ・アーサーの提唱するインテリジェント・キャリアを導く三つの問いと重なっている。アーサーの三つの問いとは、「なぜそれをやりたいのか（ノウホワイ）」、「どうすればそれがうまくできるのか（ノウハウ、やりたいことにそのノウハウを生かすきっかけはどこにあるのか）」「いったい誰と一緒にそれをするのか（ノウフーム）」だ。それぞれ、スコット－モーガンのモチベーター、エネーブラー、トリガーに関連している（ただし、後者が個人の周りの人物・要因にかかわっているのに対して、インテリジェント・キャリアの三つの問いは、本人にかかわっている)。組織の不文律を知り、その組織のなかでうまく振る舞っていくことは、その組織で賢く(インテリジェントに)キャリアを積むことにかかわっていることになる。

シャインが言うように、組織文化の深いレベルにある仮定は、皆が当たり前と思っているだけに変えにくい。しかもそれが不文律を形成していることがある。それだけに、その内容が環境に合わなくなっているのにのさばっているときには、なおさらタチが悪い。

戦略転換は、ある事業分野に進出するにしても、撤退するにしても、決めたあとの号令は一気に放たれる。その決断に至るまでには熟慮が重ねられる必要はあるが、スピードが肝心ということが多い。しかし、意識の改革は組織文化の変革とリンクするもので、一気には変われない。

だから、組織文化がある程度までうまく解読できたにしても、それをマネージしたり、変革したりするのは一朝一夕でできるほど容易ではない。繰り返しになるが、組織の変革が大半の個人の変革を前提とする以上、その個人が組織の不文律を自分の血液のように思っていて、なおかつその不文律が変革プロジェクトの対象になっている場合、組織変革は難しくなる可能性がある。

戦略的自律性と戦術的自律性

変革のプロジェクトでは、チームに加わるメンバーへの任せ方も大切になる。任せ方を考えるうえで、他の本でも紹介したことがあるが、「自律性には、戦略的自律性と戦術的自律性の二通りがある」というＭＩＴのロッテ・ベイリン教授のアイデアも有用だろう。ベイリンはわたしの先生のひとりでもあるが、ＡＴ＆Ｔのベル研究所に勤務する研究者へのインタビューで、このアイデアを提示している。

戦略的自律性（strategic autonomy）は、研究者がどういった研究領域を選び、なにをテーマにするかを自分で描ける自由にかかわる。戦術的自律性（tactical autonomy）は、ある研究領域のテーマに、どのような手法でアプローチするかの判断にかかわり、自分の道具箱のなかにあるツールを自由に選べる自律性につながっている。

ベイリンは、任せ方に問題のあるケースは二通りあると指摘する。

ひとつは、戦略的自律性を求めているひとに、戦術的自律性を与えているケースである。たとえば、テーマは自分で選びたいけれども、そのテーマへのアプローチのしかたはきちんと指示してほしい、教えてほしい。そんなふうに夢を追う発展途上の研究者に、「やり方は任せるが、このテーマをやってみて」と任せるケースがこれだ。

もうひとつは、逆に、戦術的自律性を望むひとに戦略的自律性を与える場合だ。どんなテーマでもこなせる自信があるから、テーマは何でもかまわないと思っているが、テーマが決められた後のアプローチの選択は自分に任せてもらいたいと思っている職人気質《かたぎ》の研究者に、「テーマは自由に選択してよろしい。ただし、この方法を使うように」と言い渡してしまうのがこの第二のケースにあたる。

任せ方の裏返しは、任され方になる。ベイリンの研究はＡＴ＆Ｔのベル研究所に勤務する開発担当者を対象にしたものだが、このアイデアは、あらゆる創造的な領域での任せ方・任され方に関係するアイデアのひとつといえる。変革もまた創造的な領域での仕事であり、変革が大きければ大きいほど、変革の領域でも創造的な部分が大きくなる。だから、任せ方・任され方も学ぶ必要が出てくる。

変革を任された場合、「どんな絵を描いてもいいけど、この手法で」と言われる場合と、「手法は任せるけど、こんな絵を描いて」と言われる場合があるだろう。

そのとき、あなたにやっていただきたいことが二つある。

第一は、任され方と自分が求めている自律性の間にズレがないかをチェックすることになる。第二は、変革の推進をメンバーに分担して任せる場合、メンバーがどちらの自律性を求めているかをきちんと把握することである。この二つの正確な把握も、変革プロジェクトの成功に影響を与えてくる。

Ｊ・Ｐ・コッターの八つのつまずきの石

ここまで組織変革の難しさ、また失敗に終わる理由を概観してきた。なぜ組織変革はそこまで難しいのか、なぜ頭で描くほど成功しないのか。そのポイントを考える際、ハーバード・ビジネス・スクールのＪ・Ｐ・コッターの枠組みが有益だ。コッターはスクール史上最年少の三三歳で終身教職権を獲得し、早い時期から組織行動論やパワーと影響力という科目で教鞭をとっている。リーダーシップの研究に非常に大きな影響を与えたが、「組織変革が失敗に終わる八つのつまずきの石」も提示している。

①　現状満足を容認してしまって十分な危機感がない。
②　変革を進めるのに必要な強力な連帯を築くことを怠る。

③　ビジョンやミッションの重要性を過小評価する。
④　従業員にビジョンを十分にコミュニケートしない。
⑤　新しいビジョンに立ちはだかる障害の発生を放置してしまう。
⑥　区切りごとに成果、進捗《しんちょく》を確認することを怠る。
⑦　あまりに早急に勝利を宣言する。
⑧　変革を企業文化に定着させることを怠る。

「どの段階であれ、致命的なミスを犯してしまうと、変革はその勢いをそがれてしまう。せっかくの成果は台無しになり、壊滅的なダメージを受けてしまう。ビジネスの歴史において企業変革の経験は十分に蓄積されていないためか、非常に有能な人物であっても少なくともひとつは大きなミスを犯してしまうだろう」

コッターは、『リーダーシップ論』のなかの論文やそれ以後の著作のなかで、大変革の場合、「つまずきの石はこの順番に出てくる」と強く主張する。日本の会社で、変革がうまくいった事例と途中で頓挫した事例をあげてもらい、なぜうまくいかなかったかをリサーチした結果は、少なくとも順序に関しては、コッターの主張を裏切った。頓挫した例ではつまずきの石のどれかがうまく当てはまることは多かったが、この順でつまずくとは限らなかったし、稀だが十分な危機感がなくても、ビジョンを先に持って変革のスタートを切るケースもあった。

こうした箇条書きを示されると、日本人の性向として、「①はクリアーしている、②はクリアーしている、次は③だ」と、考えがちのところがある。しかし、つまずきの石はコッターが調査した米国企業とまったく同じように、この順番で行儀よく出てくるわけではない。この八ステップを決定論的なプロセスとして捉えていると、思いがけないところで転ぶことにもなりかねない。

コッターの八ステップの捉え方として、落とし穴のタイプに八つぐらいある、と考えたほうがいい。その落とし穴にしても、会社ごとにどこが顕著なのかに違いがあるだろうし、やろうとしている変革の内容によってもつまずきやすい箇所が変わってくることを知っていただきたい。また、これはあくまでもつまずきの石であって、たんに逆読みしても変革への成功マニュアルにはならないことをつけ加えておく。

つまり、こんなところにつまずきますよという注意書きはうまくできる。今度それを元にこうすれば変革が最後までうまくいきますよという気の利いたリストをつくってみても、それには意外と迫力がない。そもそも、変革がたやすいか、ひとが痛むことがないかのごとく書いている本は信じないほうがよい。しかし、コッターのつまずきの石につまずかないためになにが大切かというとリーダーがそれだとすぐに気づく。つまずかないために不可欠なのが、リーダーシップを発揮するひとの、ビジョン（やアジェンダ）づくりとネットワークづくりということになる。

また、最近のコッターは、この八ステップにまつわる組織変革の具体的なエピソードや生の物語を積極的に収集している。参考になるたくさんの物語（いろんなつまずき方の実際例）も知っているほど、変革の阻害要因に敏感になれる。そもそも豊かな物語のパワーを使わずにリーダーシップの伝授は難しい。組織変革のためにも、リーダーシップ開発のためにも、物語のいっぱいある（ストーリーフルな）組織をめざそう。

第5章　組織変革のリーダーシップ

長く正確なパスがよいパスとはかぎらない

経営学における組織変革というとき、リーダーシップの研究は蠱惑《こわく》的なテーマになる。しかし、組織の変革にパナシィーア（特効薬）やクイックフィックス（即効薬）がないように、「こうやれば、明日からあなたは変革型リーダー」といった便利なハウツー、マニュアルのような理論はない。

正直に言うと、今のわたしは、研究者の創出する「リーダーシップの理論」よりも、うまくリーダーシップを発揮している実務家が自分の経験から抽出した「リーダーシップ持論」のほうにより大きな興味を感じている。自らは実践者ではない研究者が構築する理論(formal theory)に対して、実践者が自分がうまく実践できる様を内省して導き出した持論とは、実際に使用されているセオリー(theory-in-use)とも実戦に堪えるセオリー(theory-in-practice)と呼ばれる。

実務家でなくても、その世界でリーダーシップを発揮した人びとの話から、ハッとするようなリーダー像やリーダーシップ論に接する機会はある。そのひとりが、ラグビーの平尾誠二さんだ。

これまでも、ほかの本で例にとりあげさせてもらったことがあるが、パスのコーチングのなかにも深い言葉がある。平尾さんは、「よいパスの条件とは、相手に正確に渡すだけではない」と言う。よいパスというと、普通は速いパス、長いパス、そして正確なパスのイメージがある。しかし、「オレが持っているよりも、あいつが持っているほうがチームとしていい人間の手にパスが渡ることがいいパスの定義だ」と、平尾さんは言う。

自分が持っているより、あいつが持っているほうが適切だと思う判断は、どちらがトライに結びつきやすいかということで決まる。だから、結果的に取れないパスでもいいパスという場合もあるし、正確で長いパスでもまったく評価できないパスもある。

パスには、もうひとつの話もある。野球などは、チャンスとかピンチになると、監督がタイムをかけていくらでも試合を止め、戦略を実行できる。しかし、ラグビーもサッカーも、いったん動き出したらゴールめざしてボールを運び、走る。

ことにラグビーの監督はスタンドから観戦することになっているから、グラウンドにいる選手たちにすべての判断が任される。反復練習で速いパスとか長いパスとか正確なパスとかを身につけておくことは必要だけれど、それだけでは強いチーム、勝てるチームにはならない。これは、平尾さんだからこそ言語化できる、パスについての実践家の持論であり、反復練習よりも状況判断を重視するコーチングの持論だ。

もうひとつ紹介すると、「ラグビーチームのリーダーには、チームリーダーとゲームリーダーとイメージリーダーがある」という平尾さんの言葉の使い方もおもしろい。暗黙の知識に理解という光をあて、それを他の人びとにも伝達するには、このような言語化能力と言葉づかいのセンスがいる。チームリーダーはメンバーに人望があって、皆がついていきたくなる選手。ゲームリーダーは、多少は嫌われていてもいい戦略がつくれる選手、人気や雰囲気づくりよりもゲームのプランそのものに長《た》けたひとを指す。最後のイメージリーダーは、一見「こいつ、何を考えているのだ」と言いたくなるぐらいわがままで勝手なことをする選手に見えるが、皆が思いつかないことをイメージできる才能のあるひとだ。ゲームリーダーとチームリーダーだけだったらまじめさに息が詰まるが、イメージリーダーがいるといないとでチームの革新性をめざす雰囲気はガラリと変わる。

ハーバード大学のR・ベールズは、あらかじめリーダーを指定していない集団討議の過程を詳細に観察し、二通りのリーダーが自然に生じることを発見した。ひとつは課題リーダー(task-leader)で、もうひとつは社会情緒的リーダー(socio-emotional-leader)と命名されている。平尾さんの三つのリーダーのうちゲームリーダーは課題リーダーで、チームリーダーは社会情緒的リーダーに重なるところがあるだろう。

贅沢を言えば、リーダーには、チームリーダーとゲームリーダー、そしてイメージリーダーの要素を兼ね備えていることが望ましい。ただ、ひとりのひとにすべてを求めると、ないものねだりになる公算も大きいので、Ｄ・マクレランドのところでも述べたように、そうした要素を強く持ったひとがタッグを組んで引っ張っていく手法も考えられる。その場合には、リーダーシップの共有、リーダーシップ役割の分化（role differentiation）が起こっていることになる。

頭脳明晰だけでは「すごいリーダー」とは思われない

平尾誠二さんは、ラグビーチームの三つのリーダー像を描いてみせてくれたが、リーダーには「ちょっと荒削りだけど熱血派」と「冷静で分析能力に長けたクール派」のどちらがふさわしいかといった問題もある。

ファーストリテイリングの玉塚元一さんとかローソンの新浪剛さんなど抜擢《ばってき》型は、若くても経営者の器だと期待されて、熱意をもってなにかやってくれそうだという理由でリーダーシップをとるべきポジションについた。一部の伝統企業であるように、経営者がほぼ定期的に交替する暗黙の規定を持つ会社もある。日本の会社、とくに立派と言われるような伝統的会社ほど、交替のタイミングでそこそこのポジションにきているひとのなかから、年齢差なども勘案して次期の経営者が選ばれる傾向があるように思う。

わたしたちの研究グループでは、エグゼクティブやミドル・マネジャーを対象に、これまでの仕事経験で出会った人びとのなかから「すごいリーダー（outstanding leader）」だと感じたひとと、よく仕事がこなせるけれども、どちらかというと「できるマネジャー（effective manager）」だと思えるひとを選んでもらうエクササイズを実施してきた。このエクササイズは、リーダーシップ論の大御所であるペンシルバニア大学のロバート・ハウス教授を主査とする国際的なリーダーシップ比較の一環として取り組まれた。

この両者にまつわる具体的なエピソードを事前課題としてレポートを作成してもらい、そのレポートを叩き台に、リーダーとマネジャーの特徴をグループ討議で対比してもらった。何回かこのフォーマットで議論を繰り返した結果が、次に示すようなものになった。

わたしたちのリサーチで「すごいリーダー」としてとりあげられた人物は、大きな絵（ビジョン、ロマン、夢）を熱っぽく語り、フォロワーの感情に訴え、しばしばバランスを欠いたり、抜けがあったりした。また、ときには他者を攻撃するけれども、語る絵が本質的に正しく納得のいくものなので、周りのひとがついつい応援してしまうタイプでもある。

この結論は、リーダーとマネジャーを対比研究した最初の研究者であるハーバード大学のアブラハム・ゼイレツニック教授などの研究と一致した。

この調査のかぎりでは、「できるマネジャー」が悪者のように扱われそうになるが、それは正しくない。「管理」と言っただけでひとを鋳型にはめるような感じがして、分が悪い。しかし、「できるマネジャー」は、システムや仕組みをうまく活用し、データを冷静に分析し、安定したオペレーションを生み出すために欠かせない。「すごいリーダー」が実際に変革を起こすような場合、詰めの甘さや細部の抜けをフォローしたり、バランス感覚で枠組みを作成したりするひとがいなければ、組織は過熱して空中分解してしまう。

また、すぐれたリーダーのなかには、基本行動として、マネジャー的な振る舞いもきちんとできるひともいる。逆に、マネジャー・タイプと思われていたひとが、異動した先で備わっていた変革のリーダーシップを発揮することもある。だから、リーダータイプがOKで、マネジャータイプがNGといった極端な議論や、リーダー的側面とマネジャー的側面が同居しえないといった議論をするつもりはない。大きなビジョンと緻密さが両方必要な場合がある。シェークスピアは、「王たるもの、大海の水を飲み干すぐらいの気持ちと、同時に砂浜の砂粒が一粒ずつ見えることの両方が必要」という絶妙の表現をしている。

ただ、わたしたちのエクササイズから、「すごいリーダー」と「できるマネジャー」の一般的な人物像は浮かび上がった。どういった能力がまだ秘められているかを別にすると、今の自分は、そしてあなたの上司がどちらのタイプかを知る手がかりにはなる。

価値を組織に注入するリーダーシップ

今、理論よりも持論に興味があると言ったけれど、理論がまったく空しいわけではない。うまくリーダーシップを発揮できている実践家が、「リーダーシップの条件」をうまく言語化できるとは限らないし、理論で明かされたリーダーシップの条件も、経験を言語化する材料になるからだ。

変革のコアネットワークを築くのはミドルだと先に指摘したように、変革型リーダーシップはミドル層にこそ望まれる面もある。しかし、トップならではの役割というものがある。この点について、今や古典的な研究と言うべきかもしれないが、『組織とリーダーシップ』をあらわしたP・セルズニックの功績は大きい。セルズニックの主張がトップの制度的リーダーシップ（institutional leadership）論をわれわれにはじめてもたらしてくれた。

セルズニックは、それまでのリーダーシップ論が、小集団を中心に学級で先生が生徒を扱うような「対人関係のリーダーシップ」や「小集団のリーダーシップ」になっていて、何千人、何万人の社会的制度において、変革を導くような社長、最高経営責任者などのトップには向いていないと考えた。そこで、調査対象を大胆に変え、ボルシェビキ当時のレーニン、フランクリン・ルーズベルト時代のＴＶＡ（テネシー峡谷公社）の経営者だったリリエンソールなどをケーススタディの対象に選んだ。

従来のリーダーシップ研究と異なることをはっきり示すために、セルズニックはそれを「制度的リーダーシップ」と表現した。変革型リーダーシップには、対人関係のリーダーシップや小集団のリーダーシップと異なる部分がある。変革型リーダーシップの議論との関連で「制度的リーダーシップ」にも触れているのは、そうした理由からである。

セルズニックは、ただ単に成員が能率よくことを運ぶだけの機械（道具）を、「組織」と呼ぶ。ひとは、自動車好きなひとや生産現場のものづくりの達人など例外はあるが、一般に、機械それ自体に対して熱い思いを抱くことはまずない。しかし、その機械に独自の価値が注入され、独自のアイデンティティが形成され、その維持に成員が深いかかわり（コミットメント）を示すようになると、組織はセルズニックの用語では「制度」になっていく。そのことを前提に、価値を組織に注入するのが制度的リーダーシップであると、簡潔に述べている。話がやや抽象的になってしまうが、セルズニックは、「制度の使命と役割の設定」「制度による目的の体現」「制度の一貫性（統合性）」「内部葛藤（対立）の整理」を制度的リーダーシップの課題とした。これらの課題については拙著『経営組織』にも述べてあるが、できるなら大きな図書館には『組織とリーダーシップ』（前出）も所蔵されていると思うのでセルズニックの原典の邦訳にあたってみてほしい。興味のある方は参考にされると、変革型リーダーシップに関連するよいヒントが発見できると思う。

アジェンダ設定とネットワーク構築が大事。だけど……

リーダーシップ論というと、八つのつまずきの石で登場したJ・P・コッターを避けて通れない。

コッターが簡潔にまとめた変革型リーダーシップの大きな要素は、アジェンダ設定とネットワーク構築になる。実は、コッターのリーダーシップ研究は、市長のリーダーシップを調査対象とした処女作の『*Mayors in Action*』にはじまっている。次がハーバードのビジネススクール時代の初期の著作で、事業部長を調査した『ザ・ゼネラル・マネジャー』になる。

市長のリーダーシップを見れば、アジェンダ設定とネットワーク構築の大切さが自明だ。公約などの政治的アジェンダも支持者のネットワークもないひとは、まずすぐれた市長にはなれない。それ以前に、選挙で通らないだろう。もし市長になってアジェンダがふくらんでいってもネットワークがなければ、アジェンダは「正夢」とはならず実現しない。

アジェンダをつくるために、意見があるひと、情報を持っているひと、資源を持っているひと、応援してくれそうなひと、あるいは反対しそうなひとまでに意見を聞くためにも会う。いろいろなひとに会い、政治的綱領をつくり、そのプロセスで支持母体を増やし、市長となって政治的綱領を実現する。そうするとアジェンダを実施するときのネットワークが、アジェンダを設定するプロセスでできてくることになる。ただし、アジェンダの一部はマニフェストなどに文書化されるが、大半はリーダーの頭の中でより具体的、詳細に描かれている。同時に、空間的・時間的により広く遠い射程を見定めている。

この項目のタイトルに「だけど」とつけたのは、次の項目との関係があるからだ。とりあえず「だけど」を抜きにして、アジェンダ設定とネットワーク構築の話に入ろう。

会議の前、議長の頭のなかでは議事（アジェンダという言葉の元々の意味は議事や議題だ）が整理されている。それと同じように、変革を議論する場合、もし会議をするとしたら、議題のなかの項目には、五年先を考えてのこともあれば、すぐにでも着手しなければならないことも含まれてくる。公式の戦略プランや中期経営計画書に書かれているものに近いままのものもあれば、公式文書とは矛盾しないが、それらとは別個に、事業部長レベルの頭のなかで、まだ言明されずに、製品や財務などについて整理されている項目リストもある。

その事業部長の頭のなかの項目リストにしても、自分の任期より遠くを見すえている場合もある。また、着手する時間が公式の戦略プランや中期計画と比べて短いものも含まれる。超短期の例としては、「今度偶然に食堂であいつに会ったら、あるいはエレベーターでばったり会ったら、こんなことを頼もうかな」というようなものも含んでいる。

だから、アジェンダがうまく整理されているひとは、偶然に会ったり、相手から来たメールに対応したりしながら、仕事をうまく片づけていく。アジェンダがうまくできているひとは、それをつくるうえで、大きな絵を現実的にしていくアイデア、意見、情報、応援団、資源を持っている人たちを巻き込んでいっている。そのことを通じて、アジェンダがいっそう実現可能性の高いものになる。

アジェンダをつくるプロセスは、けっして孤独ではない。そのプロセスで、ひとりで悶々《もんもん》と考えるのではなく、すでにネットワークのなかにいる人物とこれからネットワークに入ってほしい人物に働きかけてもいるだろう。うまくいけば、関連のひとと会いながらつくるのでアジェンダが大きな絵でありながら地に足のついたものとなる。アジェンダのなかに自分の意見が反映されていたら、そのネットワーク内の人びとの協力度も高まる。だから、ネットワークを通じてアジェンダがスムーズに実行されやすくなる。

実は、コッターの『リーダーシップ論』（前出の訳書）では、アジェンダという表現が使われていない。読まれた方はご存じと思うが、「針路の設定」と訳されている。なぜ「針路の設定」ではなく本書ではカタカナのまま「アジェンダ設定」としたかの理由は、今説明したようにアジェンダとは、文書にされず頭のなかに描かれる「議題」に近いような意味あいがあるからだ。コッターの考えを適切に示す言葉は、ビジョンでなくアジェンダだったのだ。

もうひとつ、アジェンダ設定とネットワーク構築といっても言葉が難しい。とくにアジェンダにあたる日本語がうまく思いつかない。そこで、アジェンダをビジョンにすり替えて「コッターの言いたいことはビジョンとネットワーク構築」と説明するひとが多い（わたしも、つい面倒に思うとそのように説明してきた）。

しかし、わたしは、ここではアジェンダをあえてビジョンと言い直さないようにしている。ビジョンは本当はよい言葉であるのに、かつてビジョンという名のウソのスローガンを聞いたひとは、「ビジョンが大事」といってももう燃えない。だから、アジェンダ設定をビジョンと言わないし、ビジョンを言いたいときは、「ビジュアルな（ありたい姿がありありと想い浮かぶ）ビジョン」とか「見ていてわくわくするような地図」と言ったりしている。ビジュアルな大きな絵（地図）を描き、その絵の実現に向けて、それを緻密にアジェンダ項目に落としていって、人々を巻き込むこと――。

変革型リーダーシップのエッセンスを自分なりの言葉で語るとき、わたしがいちばん気に入っている表現がこれになる。

嫌われても、正しいと信じることができますか

今まで紹介したように、コッターのリーダーシップ論というとアジェンダ設定とネットワーク構築の二本立てが相場になっている。コッターの論を引用したリーダーシップの本は、ほとんどこの二つを軸に展開されている。

でも、ちょっと待ってほしい。コッターの原書に当たれば、アジェンダ設定とネットワーク構築の次に、「エクスキューション（実行）が大事」と書いてある。先の項目のタイトルを、「アジェンダ設定とネットワーク構築が大事。だけど……」とした。「だけど」の部分が、このエクスキューションになる。エクスキューションを正確にいうと、「ネットワーク内の人物を通じてのアジェンダの実行」になる。絵に描いたモチに終わるとダメなので、実行力がとても大切になってくる。元々、エグゼクティブ（executive）とは、とことんやり抜くこと（execution）の達人につけられた名で、わざわざ「執行」役員と言わなくても、そこのところを指していた。

アジェンダ設定とネットワーク構築をうまくやり、ネットワークを通じてアジェンダを実行すれば、指をくわえていても変革が自動的におこなわれるわけではない。ネットワークを通じてのアジェンダの実行は、恐ろしく疲弊する。「あそこから文句が出た」とか、「ここはお金が足りないとか言っている」という声も出るだろうし、変革を厭《いと》うひとから嫌われもするだろう。疲れても、嫌われても、そこをやり抜く。耐えに耐えて、自分が信じて描いた絵通りに進めていくプロセスがある。それを支えるのが実行力だ。とことん最後まで、逃げずにやり通すことがエクスキューションだ。

リーダーシップは経営学の大きなテーマではあるけれど、どうしてもきれいごとを中心に書かれがちだ。リーダーシップというと、あふれる才能、発想、行動力で皆がうれしそうについてきてくれる世界を示し、そのことを通じて皆を引っ張っていくようなイメージがある。

しかし、わたしは、リーダーには、嫌われても正しいと信じたら、それを成し遂げなければいけない瞬間がある、と思っている。

近年最高の変革例として取りあげられることの多い日産を見てみよう。日産は、日産リバイバルプラン（NRP）で、「リバイバルプラン着手の初年度に黒字化する」「三年後までに営業利益率を四・五％に引きあげる」「三年後までに有利子負債を半額に削減する」の三つのアジェンダを設定した。

そこで重要なことは、「目標年度までに達成できなければ、ゴーン以下の経営陣は辞任する」と表明したことだ。「辞任する」を「できなければ辞めればいい」ととってはおめでたい。「必ずやってやる」が真意であり、ひとに嫌われても、自分が正しいと信じたことをとことんやり抜くエクスキューションに対する強い信念がある。決断することだけでなく、そのあとに持続するねばり強い実行力が肝心なのだ。血みどろのメモリー・チップの戦争から撤退し、マイクロプロセッサーに活路を見出したときのインテルの経営者も戦略やアイデアがいくらよくても、それをとことんやり抜くときに、そのように思ったことだろう。

正しいと信じるところを貫くためには、エネルギーなどという言葉で形容しつくせないとてつもない勢いがなければならないが、なぜか最近の日本ではこのエクスキューション、実行力、執拗さがあまり話題にならない。『ザ・チェンジ・マスターズ（変革の達人）』のパロディみたいだが、『チェンジモンスター』といった本がベストセラーになるのは、疲れるエクスキューションに対してスルリと体を躱《かわ》しているからとも思えてしまう。
ジャック・ウェルチの一番弟子のひとりで、アライドシグナルのＣＥＯを務めたひとにラリー・ボシディがいる。「経営は実行力である」とボシディは言うが、この「実行力」（『経営は「実行」』という書籍がある）にはエクスキューションの大切さが表現されているのではないかと思う。

研修などのとき、わたしはエクスキューションを「実行」と訳さず、わざと「最後までとことんやり抜くこと」と言うようにしている。「実行」にすると言葉がさらっとしてしまってきれいごとのように聞こえ、「やったらいいんでしょう」となってしまいかねないことを恐れるからだ。

①アジェンダ設定と②ネットワーク構築、それに③エクスキューションの三要素を並べたとき、前に紹介したように、ポリティカル・システムとして組織を見る見方がある一方、組織というのはチェンジマスターのような人物がつくり出した連合体であり、ネットワークであるという見方が出てくる。

この考え方は誰と誰とがくっつくといった政治的で一見ちょっとダーティな面も含むが、変革の大事な側面につながる。変革型リーダーシップの重要な条件がネットワーク構築であれば、組織は組織図ではなく、自分のつくり出したネットワークであるという見方には非常に興味をそそられる。

めざすことの実現に向けてアジェンダを実行するためには、ビジネス社会だけでなく、政治の世界から学ぶリーダーシップも重要になりそうだ（それはまた、ハーバード大学ケネディ行政大学院のR・ハイフェッツ教授などが取り上げている問題でもある）。

意外な発想や思いがけない情報を得る「弱連結の強み」

社会的ネットワーク論に目を向けると、「弱連結」と「強連結」というキーワードが浮かんでくる。弱連結については、わたし自身もベンチャー起業者のネットワークづくりとの関連で、ボストンにおいて調査をおこなったことがある（詳しくは『企業者ネットワーキングの世界』参照）。文字通り、弱連結とは弱いつながり、強連結とは強いつながりを意味している。「意外に世の中は狭いもんですね」という言葉があるが、世の中が狭いのではなく、弱連結によるネットワークの広がりがすごいと理解するのが正解である。

社会学者のマーク・グラノベターは、意外な発想や思わぬ情報を得るには、弱連結のほうが強連結より強みがあることを発見し、これを「弱連結の強み」と呼んだ。

グラノベターのこの言葉は、ボストン在住の管理職や専門職の人びとの転職の情報源の研究から生まれている。転職しようとするひとの両親、親戚、恋人、親友など、強い絆《きずな》で結びついている人びとは、そのひとを助けたいと強く動機づけられている。しかし、こうした強連結の人びとの交友圏は似通ったところがあり、かなりの部分で重なってくる。

たとえば、あなたには親友と思えるひとが何人いるだろうか。おそらく四、五人くらいだろうと思われるが、親友の輪をたどっていくと、ある程度のところであなたに帰ってくる可能性が高い。わたしの親友の親友の親友は、わたしだったりする。

少し具体的に考えてみよう。転職に役立つ情報はどこからやってくるのか。強連結の人びとは、転職希望者を助けようというモチベーションに高いものの、情報は自分の持っているものとオーバーラップすることが多い。なにしろ、親しさでつながる狭い世界なので新奇性への希求の度合が乏しい。だから、そこからは転職に役立つような新しい情報が得にくくなる。

今度は、親しい人びとではなく、頻繁に会うこともなく、名前がなんとか思い出せる程度の弱連結の知り合いの場合を考えてみよう。このひとと転職を希望しているひととは、ネットワーク上の位置がかなり離れている。だから、転職希望者を助けようというモチベーションはさほど高くない。

しかし、そのひとたちの持っている人的ネットワークは、転職を希望するひとが持っているネットワークと重複する部分が少ない。それだけ、親友や親戚など強いつながりからは得られない思わぬ情報が弱いつながりを通じてころがってきやすくなる。これがグラノベターの「弱連結の強み」になる。まったく違う業界のひとがポロリと漏らしたひと言が、自分の悩みを解決してくれるようなことが多々あるのと同じことだ。

とはいえ、どんなときでも弱連結の強みが発揮されるものでもない。深いレベルの個人的相談やエモーションの表明（たとえば愚痴のような）、深い対話が目的であれば、強連結に軍配があがる。新奇な情報や意外な発想を求めることが目的なら、弱連結のほうが分がいい。「情緒には強連結、情報には弱連結」というわけである。

グラノベターの研究は転職の研究だが、変革にも応用が利く。変革に必要な創造的アイデアの大部分は、突然変異的に出てくるものではない。いままでつながっていなかった部分をつなげることで、変革のアイデアが誕生したケースも多い。リーダーシップにおけるネットワーク構築と、ネットワーク論とは直結するし、アジェンダの各項目への情報、アイデアの流れをよくするという意味では、リーダーシップのもうひとつの軸、アジェンダ設定のあり方にも弱連結の活用が鍵を握ることもあるだろう。

弱連結のひとの発想や意見が、つながっていなかった部分をつなげてくれる可能性がある。意外な発想やアイデアを得るために、自分が巻き込んだひとたちは強連結の顔ぶればかりになっていないかどうかのチェックも、変革では意味がある。

「恐れなかったひと」ではなく、「恐れを克服したひと」がリーダー

わたしの好きな著述家のひとりに、歴史学者のジャン・ドリュモーがいる。ドリュモーには『恐怖心の歴史』という本があり、「英雄とは恐れなかったひとではなく、恐れを克服したひとである」という指摘がある。イーフー・トゥアンが書いた『恐怖の博物誌』という、これもまた深みのある本もある。どの時代に、ひとはなにを恐れていたかを知ることは、恐怖から、人間や集団を捉えることになる。

ドリュモーは、生活に根づいた歴史を描くブローデール派の歴史学者で、生活に密着した中世の歴史を書こうとした。中世には黒死病（ペスト）の大流行もあれば、歴史のひとこま

として魔女裁判もあった。暗黒の時代と言われるように、中世は恐怖の時代であったに違いない。しかし、その恐怖という観点から歴史を描いたものがなかった。

それまでの歴史は覇者の歴史であり、英雄の歴史だった。英雄とは恐怖感を持たない存在として描かれており、恐怖の歴史が記されなかったのではないかと、ドリュモーは指摘する。そして、英雄とは恐れなかったひとではなく、恐れを克服したひとであるとも主張した。ドリュモーの言葉を変革のリーダーシップに翻案すると、「変革するリーダーとは恐れなかったひとではなく、恐れを克服しようとしたひとである」と言える。

かつてGEとサンドストランド社でのキャリアを経て、現在はマクドネル・ダグラス社のCEOであるハリー・ストンサイファーは、同社の経営幹部に対する演説のなかで、「変化を脅威と感じるひとは、幸せにもなれなければ、生き残ることもできない」と語っている。「だから変革が必要」ということになるけれど、「なんとか変革を恐れないようにすること」と「恐れずに思い切って変革を断行すること」の間には、ジャンプの必要な溝がある。

能動的に変革を断行しようとしても、やはり恐れはつきまとう。そこで、恐れを克服するためになにが必要になるかを考えると、二つの手立てが浮かんでくる。ひとつは大きな絵や地図であり、もうひとつは人びととのつながりになる。コッター流にいえば、アジェンダ設定とネットワーク構築になる。逆に言うと、アジェンダ設定とネットワーク構築が現状を変える恐怖、未知に挑戦する恐れ、失敗への恐れを克服する力になるとも言える。

マネジメントとリーダーシップは違うが、なかでも変革のリーダーシップと前者とのいちばんの違いは、なにをなすべきかを仲間と一緒に自分も考え、誰を巻き込むかも自分で決めることにある。

マネジメントの世界では誰が部下で誰が上司で、なにをやるかも決まっている。そう考えると、変革のリーダーシップを執るひとは、新大陸発見の航海に出るコロンブスと似た状況にいることが分かる。変革（航海）のために資金（スポンサー）を探し、ひと（乗組員）を探さなければならない。

そのためには、まず未知に挑戦する恐れ、失敗への恐れを克服する必要がある。

つねに変化していくのを善とするＤＮＡを定着できるか

変革というものは、一回うまくいけばそれでＯＫといったものではない。Ｊ・Ｐ・コッターのつまずきの石の八番目は、「変革を企業文化に定着させることを怠る」だった。このつまずきの石につまずくと、「あの時は大きく変わった」という一回かぎりの変革に終わる。

ジャック・ウェルチには変革に関する名言がいくつもあるが、いろいろなところで引用されているし、本人の自叙伝もある。『ハイ・フライヤー』（前出）のなかで、モーガン・マッコールは、「つねにチェンジが必要だ」という短くも鋭いウェルチの言葉を取り上げていた。このウェルチの言葉からは、信念とエクスキューションが響いてくる（実はウェルチは経営幹部になるようなひとのリーダーシップの持論として、①energy・自らが元気、②enerize・周りを元気にする、③edge・ずばっと決断し果敢にアクションを起こす、と並べてほかならぬ④execution・とことんやり抜くことを四条件としてあげている）。それも、つねに変化していくことの全肯定、変化というDNAへの絶対的な信頼がある。絶えず変わり続けるという姿勢が変わることなく続く。ホンダの藤沢武夫が「万物流転」を強調していたことにもつながる。

一回かぎりの変革に終わらせないために、人事の仕組み、あるいは組織のDNA、組織文化に変革を根づかせる必要がある。組織がそもそも万物流転（ホンダの藤沢武夫）で、不安定が安定であり安定が不安定（NECの小林宏治）であれば、揺さぶりの大事さを社風なり、組織のDNAとすることが組織変革のリーダーシップで重要になる。

ヤマト運輸が宅急便事業をはじめたあと、スキー宅急便、ゴルフ宅急便、クール宅急便、コレクトサービス、ブックサービスと二の矢、三の矢がどんどん放たれた。宅急便事業で大きく会社を変えたときに、絶えずダントツをめざして変化させ続けていった。とことんやり抜く姿勢がそこに見られる。宅急便事業のプロセスから、ヤマト運輸にはつねに変化していくＤＮＡが根づいたのではないかと思う。もう少し言うと、変化は善という意識が広く認知されたのではないだろうか。

第八のつまずきの石だけでなく、変革を起こし、その変革を一回で終わらせないために、変化は善であるという仮定や前提を従業員に持たせる。変化を尊ぶＤＮＡが組織の文化になれば、ときどきは危機感に訴える刺激も必要だろうが、改革はある程度自律性を帯びてくる。そうなれば、経営者のひとりが「万物流転」とつぶやいていても、皆に響くものがあるだろう。

変革型リーダーシップとは、変革をそうした自律的な運動にまで高めて初めて、十分に発揮されたと評価すべきだろう。ここでもまた繰り返しになるが、そのためにはアジェンダ設定とネットワーク構築が十分におこなわれ、リーダーのエクスキューションへの意気込みが示される必要がある。そしてなによりも、一度着手した変革はなにがなんでもやり遂げなければならない。失敗したり中途半端に終わった変革ばかりなら、けっして変化＝善というＤ

NAとして定着しようがない。

IQとEQを両輪に持つ

意思決定をおこなうとき、リーダーはどんな要素を重視しているのか。組織論への臨床心理学的アプローチに興味があるわたしは、マイケル・デルのある言葉に惹《ひ》かれる。それは、「わたしの意思決定にはデータ重視のものと、直観重視のものがある。ただ感情だけで決めることはない」という発言だ。

デルが大学時代にデル・コンピュータを創立し、卸売業者を通さない消費者に直販する新しい手法で、二二歳のときに「青年起業家大賞」を受賞したことはよく知られている。デルがこの言葉を発したのは、デル・コンピュータが、業界に先駆けてインターネットを使うパソコンの通信販売計画を発表した席上である。かつてデル・コンピュータは、デルが感情に流されて決断の時期を失したから、二度ほど経営危機に見舞われたことがある。だから、この言葉は自戒と取ることもできるが、意思決定の表明の態度とも取れる。

情報不足のままで決めるのは怖い、誰かにマイナスになることを決めるのはいやだというように、感情が決定のタイミングを左右することは、誰にでも起こる。そして、そのような感情そのものはナチュラルでもある。しかし、感情だけで決めたり、決めなかったりしたら問題だというわけだ。

直観だけで決めるわけではないが、データだけでもない。データを重視しながら、直観も大事にする。データが決断してくれることはないから、最後のところは確信にも似た直観が作用するだろうし、そうでなければ決断などできるものではない。感情だけでは決められないが、感情に支えられないとそのような直観はもてない。

といって、直観プラス感情に頼って、経営の舵取りがうまくいくと考えている経営者は少ないはずだ。データが示す意味をきちんと正確に読み取る力が、当然必要になる。リーダーシップにはＩＱとＥＱの両方が重要であると、デルの言葉は示唆している。

デルの言葉の意味をもうちょっと幅を広げれば、地図やビジョンのなかの分析的側面や数字（ＩＱ部分）と冒険を支える心（ＥＱ部分）がうまくかみ合わさって初めて、変革がうまくいくと言ってもいいかもしれない。

大きな変化の意思決定をするとき、デルの言葉が輝きを放つ。大きな意思決定というのはデータをいくら集めても、成功するか失敗するか判断がつかない。誰もその変革に着手していなかったり、変革を成し遂げていなかったりすれば、集めるべきデータがないこともある。

データ重視は、タイミングを逸することにもなりかねない。ウェルチは、データ不足を理由に、タイミングよく決断のできないひとには、切れ味（エッジ）が欠けると言う。データを重視する傾向のひとは、変革に際して大きな意思決定をおこなう場合、他方で、直観や自分の内なる声にもそして素直な心にもウェイトを置いてみる。

逆に、一見もっぱら直観重視で心のおもむく方向に決断しているように外からは見えるひとも、大きな世界に出ていく場合、ここまでの「無謀や非常識じゃなく、学習していること」「恐れを克服していること」「地図とネットワーク」といった話と同じように、やはり大きな絵を支えるデータもチェックし、セカンドオピニオンをいろいろな立場のひとにもらったほうが得策だろうし、成功している経営者なら、そうしているはずだ。理論や自分の持論も大事にしているし、もちろん、つねに勉強もしているはずだ。

データというと数字だけを思い浮かべがちだが、量的なものに劣らず質的なものも重要だ。ひとのさまざまな意見の生の声もまた、心意気を示す貴重な質的データと考えていただきたい。

走りながら考えること

ビジョンという言葉が示す内容をより的確に意味したいとき、「ビジュアルなビジョン」とか「行き先と行程のイメージできる地図」という形容をあえて使うようにしていることはお話しした。変革のビジョンは次の一章を当ててもう少し深く考えるとして、正確な変革の地図はどこにも売っていない。自分で地図を描いたとして、それが正しい地図であるかどうかは誰が判断するのか。

歩き出さないと、本当に役に立つ地図かどうか分からない。歩き出す前に正しいかどうかをどれほど真剣に考えても、答えは出ない。マイケル・デルのように、データや直観も意思決定に導いてくれないとき、どうしたらいいのだろうか。

変革をおこなう場合、一般的に、時間にそれほど余裕はない。時間がありそうに思っていても、タイミングが問われている場合も多い。天啓に貫かれるのを待つように正しい判断が訪れるのを待っていたら、いつまでたっても結論は見えてこない。そんなとき、「つねに正しい判断ができる人間はいないが、たいてい正しければかなり役立つ」というロバート・ハーフの言葉を思い出そう。

ロバート・ハーフは、総合人材派遣会社であるロバート・ハーフ・インターナショナルの創業者で元会長だ。人材派遣ビジネスにおける注目の市場は、スペシャリストの派遣ビジネスである。そのビジネスの経験から、企業がほしがる人材の価値、とくに企業がほしがるスペシャリストの価値を、ハーフはそう説明している。

ハーフの考えを意思決定に援用するには、どのようにすればいいのか。まずデータ（統計的なデータやひとの意見の分布）をできるかぎり集める。そのうえで、過去の経験を感覚という人間の無限のデータベースにアクセスして直観を導き、「たいてい正しいだろう」と思えたところで、第一歩を踏み出す。

商品の開発プロセスでは、初期には少人数でテーマを追いかけ、形が見えはじめると人員を増やしてチームが立ち上げられる手法がよく用いられる。「基礎研究が一なら、開発には一〇、設計・試作段階では一〇〇、量産になると一〇〇〇の労力が要る。あとの段階ほどローディング（負荷）が高まっていく」と、ある会社の中央研究所長から聞いた。これを「リア・ローディング」の発想という。

これに対し、東大の藤本隆宏さんが強調される「フロント・ローディング」という発想もある。同じ開発の仕事でも、立ち上げの段階から、あとでかかわってくるひとに頭を突っ込んでおいてもらったほうがいいと予想されるケースで使われる。もちろん試作から量産にかけて負荷が高まる点は免《まぬか》れないので、相対的に、初期段階から多方面にアレンジをかけているという意味合いだ。七分でもちょっと多めの表現かもしれないが、大和言葉の「段取り七分」がフロント・ローディングに相当する。開発リーダーとしては、かかわりのできそうな人びとを最初から巻き込んでネットワークをつくっておけば、アジェンダもより現実的になり、開発の実現可能性もまた高まる。

だいたい正しいと思える段階までくれば、それ以上は、ひとりで悶々と考え込まずに、さらにアイデアをくれたり、その実施を助けてくれそうな人びとを巻き込み最初の一歩を踏み出す方法は、フロント・ローディング的な意思決定とアクションのパターンになる。とりあえず第一歩を踏み出すとどんどん追加情報が入ってくるし、形も見えてくる。そうなったら追加的投入資源もその形を見ながらおこなう。歩みに応じてさらに必要な人びとを追加的に巻き込みながら、体制とネットワークの充実をはかる。変革では、しばしば走りながら考えることが大切になる。逆に、考えながら走ることが変革を失敗させない要素ともいえる。

ただし、とりあえず第一歩を踏み出すとして、サイコロを振って決めるとか、とにかくGOといったことでは成功しない。どんな第一歩にせよ、未知への挑戦への十分な熟慮がおこなわれ、コンティジェンシー（環境におけるさまざまな偶発的要因）を検討したうえでの踏み出しでなければならない。行く手には思わぬ落とし穴が待ち受けているものだ。

「いいアイデアだ」と簡単に言わないほうがいい

変革には抵抗がつきものであることは立証されているし、変化のゆれ幅が大きい変革プロジェクトになればなるほど抵抗勢力も増え、抵抗力も大きくなる。逆にいえば、反対のない変革プロジェクト、小さな抵抗しかない変革プロジェクトは、それほど大きな変化をもたらすプロジェクトではないとも言える。

抵抗力に負ければ、変革は頓挫する。だからとことんやり抜くエクスキューションが必要にもなる。それでも抵抗は愉快なものではないから、助けになる二つのアイデアを出しておこう。

ひとつは、先にも紹介したジェームズ・オトゥールの33の憶見を活用することだ。そこには、ひとが変革に反対する33の本性が書かれてある。抵抗に遭遇したとき、抵抗したひとの顔を思い浮かべながら、33の憶見（一一六〜一一七ページの表を再度参照）と照らし合わせてみる。「なるほど、そうか」と納得できる部分が発見できるだろうし、発見できれば少しは腹の虫もおさまる。

もうひとつは、「反対があるのは健全なこと。本当に力のあるアイデアか試されるわけだから」というモトローラ会長ゲイリー・L・トゥッカーの言葉だ。

もうお目にかかることはほとんどないものの、携帯電話の前にポケベル時代があったことを覚えておられるだろうか。モトローラもポケベルで利益を出していたが、開発現場では小型携帯電話がまさに生まれようとしていた。しかし、そのニュースを聞いた販売会社のトップが、「そんなものを販売したら、ポケベルの売り上げが落ちる。自分で自分の首を絞める気か」とねじ込んできた。そのとき、トゥッカーがこの言葉を言ったとされている。

現状でも会社はやっていけるが、新しいアイデアを試すことを恐れていては発展はない。新しいアイデアへの反対は、新しいアイデアが古い価値観を破壊するから起きてくる。衝撃的なアイデア、会社を飛躍させるアイデアであればあるほど、反対は大きくなる。あなたのプランやアイデアが本当に力のあるものであれば、とことんやり抜く元気も勇気も生まれてくるはずだし、反対意見を精力的に説得する気にもなれることもある。

ただし、いいアイデアでなければならない、反対も説得した、おもしろいというひとも出てきた。それから先もいくつか困るところがある。最大の難所は、「いいアイデアだ」と「じゃあ、やろう」がセットにならないことだろう。それがいいアイデアだとどのようにしてわかるのだという疑問にも当然、未知のアイデアに対になり出てくる。

会社のなかで、「このアイデア、おもしろいな」と「おもしろいアイデアだから、やろう」との間には、深い溝がある。上司になると若い人間の意見も聞く必要があると思っているから、「いいアイデアだ」とはけっこう若手に対してでも言ってくれるが、それでも「いいアイデアだから、自分がリーダーになって実行する」と言うまではなかなかいかない。提案したほうにすれば、「いいアイデアと思うのなら、上司であるあなたがリーダーシップを執ってやってくれればいいじゃないか」と思うのだが。だから、多くの会社で「言い出しっぺ」がリーダーシップを執ることになる。最悪のダジャレだが、「イーダーシッペ」という言葉は、アクセントのつけ方しだいでリーダーシップに聞こえる。言い出す側にも、自らリーダーシップを執るつもりがあるのかどうか、覚悟はいる。

「いいアイデアだ」という言葉は、意味合い・ニュアンスとしては「反対」でもなければ、「実行しよう」でもない。「いいひとだ」と言われても簡単に喜べないのと似ている。それは「すごいひととまではいかない」というニュアンスもある。だから、あなたが変革のリーダーシップを執る立場にあれば、プロジェクトの内容を考えるとき、あるいは実行過程で提出されたアイデアを検討するとき、「いいアイデアだ」と簡単に言わないほうがいい。もし言うのであれば、「じゃあ、やろう」につなげるか、「権限を与えるからお前がやれ。俺が全責任を持って後方支援する」のどちらかにしていただきたい。そのときに口をついて出てくるのは、「ちょっとひやひやするが、すごいアイデアだ」という言葉だ。

エモーションへの目配り

一五年前に変革型リーダーシップの条件について多数の研究をふまえて整理しようとしたときと、現在でも、その本質は大きく変わらないと思っている。しかし、最近になって新たに気づいたことも多々ある。変革型リーダーシップの勘所として六条件をあげることが多かったが、今は七条件になっている（これらの全体をリストして説明するのは、後回しにして）、まず、新たに追加されたこの七番目の条件「エモーション（情緒、情動、感情）への対処」にかかわる説明をしておこう。

経営学のなかでも組織論と呼ばれる領域は、ひとの問題が中心の人間くさい領域なのに、ひとつ大きな脱落があった。それが、組織のなかでひとが経験するエモーションに関する議論になる。アーリー・ホクシールド、アナット・ラファエリ、ロバート・I・サットンらに顧客との接点に立つ仕事のエモーション研究があるが、変革でもエモーションが姿をあらわす。

たとえば、組織変革をうまくやるためには、怖いとか、仕事が増えそうで嫌だなとか、変革の影響を受けそうな人びとにいろいろな感情がうごめく。だから、エモーションへの目配りが必要になる。一方、変革のリーダーシップを執るミドル自身にも、エモーションへの対処が必要になる。

早稲田大学の寺本義也先生が、かつて筑波大学におられたときに『パワーミドル』という本を書かれた。変革型ミドルの課題として不確実性への対処もあげられるが、最大の課題はパワー不足への対処にあるのではないかとわたしも感じている。そして、そのパワー不足とエモーションが関連している。

たとえば、ある新事業を実行するためには一〇〇の情報が要るとする。しかし、現実には八〇しかないとすれば、足りない二〇が不確実性の大きさを示す。このギャップを埋めるために、情報収集行動が必要になる。

そして、ミドルが変革プロジェクトをおこなうとき、実際に他の人びとに動いてもらうのに必要なパワーの大きさを一〇〇として権限からは六〇しかパワーが得られない。本当に実行しようとすればそのパワーでは足りないことに気づかされる。パワー不足の部分を補うためには応援団の働きが必要で、応援団を獲得するにはポリティカルな行動が必要になる。また、大変革をおこなう場合、きれいごとだけではすまない。嫌われることもあるし、ある方向でいくとなると、その方向での変革は、自分や自部門にとってプラスにならないひとが必ずいる。自分たちのリソースが変革に使われれば、それだけで腹を立てるひとがいる。ここでも、ポリティカルな行動が必要になってくる。

そのとき、組織とは政治的なシステムであるという組織観を持っているひとは大丈夫だが、組織とは秩序であるとか、組織は組織図だと思っているひとは、エモーションの問題につまずくかもしれない。自分のなかの組織観と、変革の実行困難性を打破するためのポリティカルな行動との葛藤が生じてくる。

ポリティカルな行動も必要と飲み込んで動き始めてみよう。組織変革に必要なのだとは自分に言い聞かせても、どうしてもポリティカルな行動にはちょっとダーティな感じがつきまとう。これまでの上下の秩序を乱す部分もあるだろうから、「あいつは行儀が悪い」ということにもなりかねない。しかし、ポリティカルな行動を取っても、私利私欲でやっているのでなければ、組織の変革では大事なステップとして大いに許容することが成功のひとつのキーになる。

私利私欲でなければポリティカルな行動も許容されるとすると、マキャベリズム、権謀術数主義でいいのかと質問されそうだ。結論をいうと、それはそれなりに悪いことではない。塩野七生さんが『わが友マキアヴェッリ』で共感的に書いたように、マキャベリが『君主論』を書いたときは群雄割拠時代だった。いつ誰にやられるか分からない怖い時代に、リーダーは愛されるより恐れられたほうがよかった。なぜ恐れられたほうがいいかといえば、ひとは愛するひとには厳しいことをするけど、恐れているひとには歯向かわないからである。これは怖い時代に生きていたひとの知恵で、大変革のときには当てはまるところがあるように思える。

とはいっても、なにがなんでもポリティカル、どんなひともマキャベリズムでいけ、とは言わない。倫理的に引っかかるひとは、あえてマキャベリ風に自分を駆り立てる必要はない。

本気で夢を語る魅力

リーダーが後ろ向きになったら、変革はまず成功しない。

変革のプロジェクトを進めていけば、ＢＣＧ（ボストン・コンサルティング・グループ）のジーニー・ダックが『チェンジモンスター』（前出）で指摘したモンスターも登場する。

『チェンジモンスター』にはチェンジカーブ（企業変革カーブ）と呼ばれる地図がつけられてあり、どこらあたりまでくればどんなモンスターが出てくるかが示してある（一九四〜一九五ページ）。ＢＣＧ主導の組織変革プロジェクトがはじまれば、この地図を壁に張るなどして議論や変革を進めるのではないかと想像される。この地図で、摩擦があったり、変革を阻むモンスターの出現で頓挫したりする可能性があることも示すのかもしれない。先に、変革を茶化すように書いていると揶揄したが、この地図は、議論の材料として一見の価値があるかもしれない。

彼女が言うモンスター以外に、変革にはポリティカルな行動も必要だから、外野席からは痛烈な野次や中傷が飛んでくることもある。

聞こえてくるニュースは、いいニュースより悪いニュースのほうが多いかもしれない。ただし、どんなときでも、リーダーにはポジティブ思考が大事になる。今は悪いニュースが多くても、このままズルズル悪い方向に引っ張られて終わってしまうのではなく、逆転を信じさせられる魅力が大切になる。

ブリティッシュ・ペトロリアム・アメリカの元会長ロバート・D・ホートンは、「リーダーシップとは、どんなに悪いニュースであっても、最終的にはいい結果になるだろう、と人

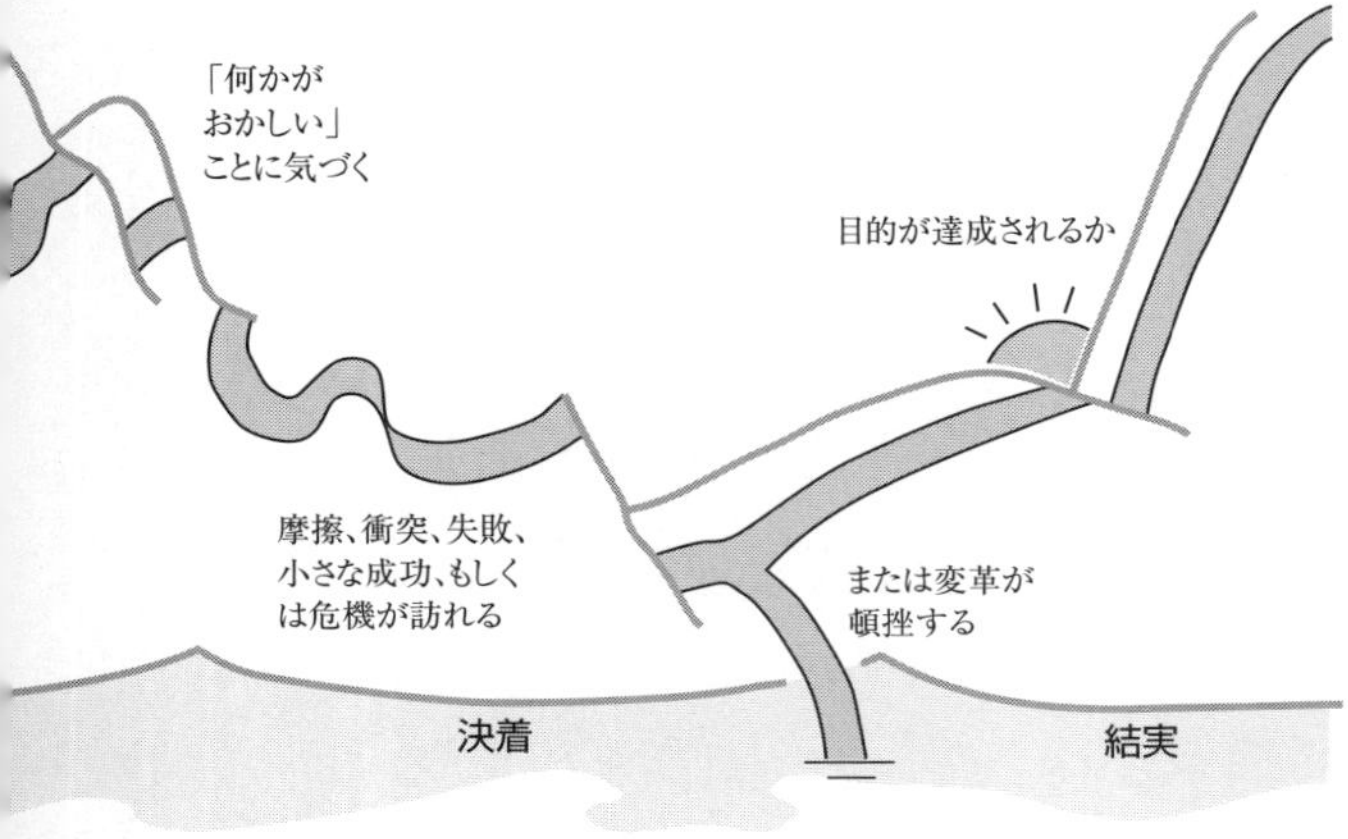

出典:ジーニー・ダック著『チェンジモンスター』より

びとを納得させられる魅力である」という。

「人びとを納得させられる魅力」、換言すれば、悪い状況でも逆転を信じさせられる魅力はどこから生まれるのか。いろいろな要素はあると思うけれど、本気で夢を語ることも大きい。

360度フィードバックというツールがあり、わが国でも一部の会社で用いられている。上司、本人、部下、場合によってはお客さんにも頼んで、多面的に行動を評定する。評定項目にはたとえば「夢やビジョンを日々語っているか」というようなものも含まれる。「夢やビジョンを日々語っているか」というこの問いかけに対して、業種、取り扱い商品ゆえに夢を語っていて当然と思われるタイプの会社、あるいは夢の追求が仕事であるようなタイプの会社でも測定す

チェンジカーブ（企業変革カーブ）

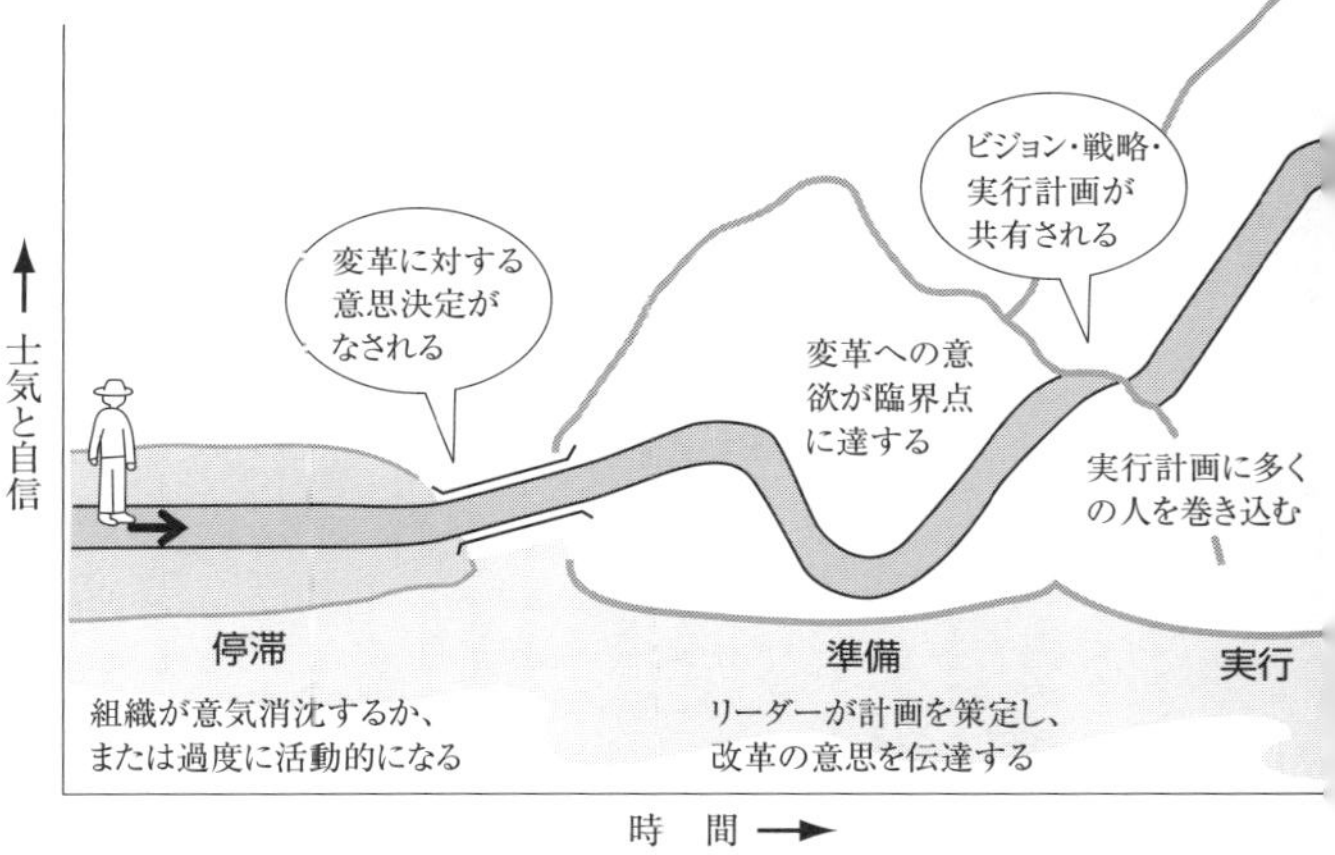

るとこの項目のスコアがけっこう低いのに驚かされる。

しかも本人評定より部下評定でいっそうスコアが低い。上に立つひとが自分で思っているほどには、夢やビジョンを語っていると部下には思われていないのだ。

その他の測定項目を見れば、マネジャーになると部下に仕事をきちんと任せ、要望追求もきちんとしている。夢を語っていないところが気になるが、この３６０度フィードバックのデータを蓄積している業者に聞くと、この傾向は、この会社だけに特有ではない。いろんな日本企業で見られるそうだ。

変革プロジェクトに大きな絵が必要なことはもちろんとして、その夢とか絵を本気で語るとき、ひとは熱くなる。本気で信じて夢を語る姿は、周りのひとをついていこうという気にもさせる。だから、熱く夢を語る。熱く夢を語りながら、動き出したら、悪いニュースがあっても途中でへこたれない。その姿も、周りのひとにやる気を持たせる。

ホートンの言葉からは、リーダーにはプラス思考と実行力、逆転を信じさせられる魅力などの重要性が読み取れる。こうした要素を備えているひとであれば、たとえスピードは少し減速しても変革は着実に進むだろう。

ヤマト運輸の宅急便事業も、立ち上げの一九七六年には、当初全員が反対だったと言われる。大きな絵の実現を信じる当時社長の小倉昌男さんは途中でへこたれることなく、リーダーシップを執った。後述するようにこれを支える論理的思考や戦略づくりにこそ必要な知性にも注目したい。知はパワーなりというわけだ。プラス思考がそれを支える。それに加えて、しばしば、同時に危機管理能力(これはある意味では計画的マイナス思考だ)も要る点が重要で、小倉さんのように両方をもちあわせているひとはまれだ。その場合には、リーダーシップを二人の異なるタイプのひとで執ることが大切になる。

変革を次世代に伝える

変革型リーダーシップの大きな特徴のひとつに、次世代のリーダー育成がある。わたしも、「次世代を託せるフォロワーの育成」を変革型リーダーシップの特徴にあげている。

リーダー・タイプの育成は、マネジャー・タイプの育成より難しい。仕組みを通じて他の人びとを動かすマネジメントについては研修でも教えられることはたくさんあるが、大きな絵の実現のために他の人びとを自力で巻き込んでいく変革のリーダーシップは、変革のリーダーだったひとが直伝しないと難しいところがある。

リーダーシップの直伝と言えば、ペプシコのロジャー・エンリコが古典的例としてよく知られている。

四八歳で食品部門のカンパニー・プレジデントになったエンリコは、ペプシコを辞めて大学教授になることを真剣に考えた。そのとき、「大学にいったら教えるようなことを、社内の経営幹部候補生に教えてほしい」と当時のＣＥＯと人事担当トップから慰留され、エンリコは社にとどまる。

エンリコはリーダーシップに関する自分なりの考えをまとめあげ、五カ条からなるリーダーシップ論（持論）を創出する。その五カ条は、「異なる視点から思考せよ」「リーダーとしての視点を持て」「アイデアは社内外の現場で試せ」「ビジョンをまとめあげろ」「実際にものにする（実現する）」というもので、六日の研修の間に九名の限定された幹部候補生と一対一で話す機会を二度持ち、じっくりと語られていく。

このエンリコのような存在を、メンターという。メンターとは、大和言葉の「師匠」とか「先達」のような存在で、「深いレベルの相談に乗ってくれたり、アドバイスをくれたり、見本や手本になってくれたりするひと」のことを言う。また、具体的なキャリア上のチャンスを授けてくれることもある。ノール・ティシー風にいえば、リーダーを育成するリーダー、つまり「リーダー・ディベロピング・リーダー」とでも言えばいいかもしれない。

うまく変革を起こしたリーダーが、変革を引き継いでくれる次世代リーダーを育成するためにもメンターになることは必要だし、リーダーシップの発揮自体にもメンターの後追しがありがたい。マネジャーとリーダーのところで触れたハーバード大学のエイブラハム・ゼイルツニックは、メンターがいなければ、ミドルのリーダーシップは発揮しづらい、と示唆している。

リーダー・ディベロピング・リーダーとしてのひとつの役割に、変革を通じて一皮むけたみずからの体験を語ることをあげたい。経営の実務家がリーダーシップ持論を語った本は、たくさんある。それらにも学ぶ点は多いが、エンリコと向き合った幹部候補生がすごした時間はインパクトがあり、稠密《ちゅうみつ》で、熱かったに違いない。活字ではなかなか書けないような話も聴けただろうし、同じ会社の人間だから打ち明けられる「ここだけの話」も出たと想像される。

『仕事で「一皮むける」』（前出）のインタビュー調査のあと、ほぼ同じ方式でおこなったインタビューから、印象的だったひとつの例をあげたい。前にも書いたように、これは関西経済連合会の人材育成委員会がまとめた「一皮むけた経験と教訓：豊かなキャリア形成へのメッセージ――経営幹部へのインタビュー調査を踏まえて」という報告書を基礎にしている。

この調査から数年後に、ハウス食品の小瀬昉《あきら》社長は、幹部社員が集まった場でわたしが質問を少しはさませていただく形式で、自分の経験を大いに語られた。ひとつひとつの体験をともに苦労した幹部社員を前にしているから、当然ながらウソなどは言いようもないし、へんに飾ることもできない。すごく正直なストーリーが聞けてありがたかった。ときには「そうだったよな」と関連のある幹部社員に確認しながら、インタビューが進んだ。心にしみとおるようないい話だった。

小瀬社長の姿と語りにあらためて「こうした体験を語る場を通じて、次のリーダーを育成しようとされているのだ」と、わたしは感じたものだった。このようにリーダー・ディベロピング・リーダーはストーリーテラーでなければならない。

『仕事で「一皮むける」』は、キャリアの歩みにおける過程追跡でもあり、W・ブリッジズのトランジションともかかわる追跡ストーリーでもあり、さらに言えば、リーダーシップ持論がどのような経験から紡がれたかのリサーチでもある。いろいろと示唆に富む体験が収録・掲載できたので、こうしたことに興味のある方には参考になる調査だと思う。さて、社内でこのような会合をもち、社長やトップに語ってもらうときには、貴重な機会なので、ビデオなど映像収録をおすすめしたい（自由に語っていただくために、あとで閲覧用には、編集をほどこすことを約束して）。

本当に変わるためには知性が要る

変革のキーワードのひとつとして、「怖い」という言葉を先に強調したが、今まであまり言ってこなかった論点がある。それは、「あるから変われないという類の知性」と、「あるおかげで怖い世界にも挑戦できる類の知性」があるということだ。後者が大事だ。

たとえば地球の果ては平面ではなくて奈落かもしれないとすれば、新大陸を発見したコロンブスとか、地球一周を成し遂げたマゼランなどでも遠く未知の海域に入るほど怖くなったはずだ。しかし、非常識なほど勇気があったからこのような快挙をおこなったのではなく、コロンブスは、実は地球は丸いらしいときちんと勉強していた。大航海は、突拍子もないこと、誰もやっていないことだけど、勇気だけでなく知性にも支えられて動いていた側面があった。

ジャック・ウェルチは、「GEクロートンビル研修所（今はジョン・F・ウェルチ・リーダーシップ開発研究所）を一万人の革命家を毎年生み出すセンターに変えてくれ」と当時の所長、ノール・ティシーに提案した。ウェルチの真意は、研修所をただ勇猛な「つわもの教育」をおこなうところではなく、継続して革命を起こせるひとに必要な「知性教育」の場にすることにあった。アクションを支える知性がある。GEウェイやウェルチのリーダーシップ持論は、「変革を支える知」だ。

変革のリーダーシップを言いだした権威のひとりで、ピューリツァー賞を受賞したジェームズ・マクレガー・バーンズの本『*Leadership*』のなかに、本当に変わるためには知性が要るといった議論がある。フランス革命のときの百科全書派が果たしたように、時代が大きく変わるときには、それを引っ張る知の創造や哲学の復興がいる。バーンズの発言には、なかなか含蓄がある。

嫌われてもかまわない、突飛と思われても仕方ない。それが今の会社を変える方法であると信念を持っていても、意見を通そうと思えば、説得にはやはり理屈がいる。ミッションに関するものや価値観やそれらへの熱意が大切だが、それだけでも足りない。具体的にはこうしたいというビジュアルなビジョンとあわせて、こうすればそこにたどりつけるという見通しやシナリオをロジカルに描き語り、納得させるだけの知性が必要になる。

先に、逆転を信じさせる魅力のところでもふれたとおり、ヤマト運輸が宅急便をはじめようとしたとき、役員全員から大反対が巻き起こった。松下電器などの家電製品の運送や、三越・伊勢丹などの外商では、どうしても買い手の側にバイイングパワーがあり（その分下請け的になってしまい）、ヤマト運輸は赤字すれすれになっていた。しかし、不特定多数を相手にする宅配便の事業は、一見すると集荷コストが高くつくように見えるので、簡単には利益が見込めず、さらに経営を圧迫するというのが反対の理由のひとつだった。

そのときに取扱店をネットワークで結び、点から線に、さらに線から面にして密度を上げていく。そしてだいたい一〇〇〇万個の荷物が出れば、利益が出ると読めていた。ただし、運輸省の規制をクリアして集配ネットワークをつくるのは大変な作業になる。そのようななかで意見を通そうと思えば、頼りになる武器は知性や論理的思考かもしれない。ついでにいうと、知性でないほうの武器はＥＱ系のパッションだろう。ＥＱ系のパッションは「あたたかさ」と「熱さ」といってもいいと思う。

長嶋茂雄は豊かな知性はあっても、独特の「長嶋語」の達人で、言語の伝達はあまりうまくできなかった。けれども、たくさんの日本人がシンパシーを感じ、選手もついていった。巨人は嫌いだけど長嶋は好きだ、というひとの多さがそれを証明している。それは、長嶋の持つあたたかさ、ＥＱ系のパッションが輝きを放っていたからだ。

小倉昌男さんは、経営リーダーの条件として、「論理的思考」「時代の風を読む」「戦略的思考」「攻めの経営」「行政に頼らぬ自立の精神」「政治家に頼るな、自助努力あるのみ」「マスコミとの良い関係」「明るい性格」「身銭を切ること」「高い倫理観」の一〇をあげている。論理的思考や戦略的思考は変えるための武器になる知性で、明るい性格は今言ったＥＱ系のパッションに相当する変革の刺激剤だと考えてよいだろう。

チェンジマスターの一一の特徴

「やる気のあるミドルほど無力感を感じている」という洞察のもとをくれたのはＲ・Ｍ・カ

ンターだ。彼女は、六社二〇八人のミドルに、「自分が成し遂げたことのなかで、最も大きな成果を上げたと思うことをあげてください」というインタビュー調査をした。

インタビュー時に、本人にとってすごいと自覚されていた成果について語ってもらいデータとしてそろった段階で、研究グループでそれぞれの成果について評定をした。その結果、本当にチェンジマスターと呼べるほどインパクトが大きかった場合と、そうでない場合が区別された。この区別をもとに、普通のミドル・マネジャーとチェンジマスターと呼べる変革型ミドルに分けて比較したとき、変革リーダーのほうに次のような特徴が見られた。彼女はこうした変革の達人をチェンジマスターと呼び、書名にした。

カンターがチェンジマスターと名づけたひとたちには、次のような特徴があげられている。

① リスクにチャレンジすることになるので、抵抗や反対に遭いやすい。賛否両論。
② 外部の人々への働きかけが要る(自分の部門だけで閉じない)。
③ 資金的にも、予算に収まりきらない。追加的資源を探し求め、捻出する。
④ 制度的に決められた予算の入手経路以外にもアプローチする。
⑤ 経営上層からスポンサーシップ(支援)を勝ち取る。

⑥ 他部門の同僚から支持や応援・理解を取りつける。
⑦ 情報量が多い。
⑧ 自分の率いるユニット内外の専門家の知恵をうまく使っている。
⑨ プロジェクトにかかわるキーパーソンの範囲が広い。
⑩ その目標は上から与えられるというより、自分で自律的に編み出したもの。
⑪ 一見いろんなところに働きかけ、組織の秩序をかき乱しているようだが、彼らこそコラボレーティブな管理スタイルで特徴づけられる。

第六の「他部門の同僚」は、他部門というだけで異質性がかなり高まり、マーク・グラノベターの弱連結に該当するケースもある。第八の「自分の率いるユニット内外の専門家」では、ユニット外、社外、さらに他産業の専門家になるともっと弱いつながりになり、より意外な発想が聞けることもある。

最後の「管理スタイル」について言えば、組織のキーワードが秩序だとすると、いろいろなひととのコラボレーションで秩序をかき乱しているように見えても、それが新しい管理スタイルであり、変革型リーダーの特徴でもあるという主張に注目したい。自分のそうした活動でいい意味での（創造的）混乱（スタンフォード大学のJ・マーチは、「組織化された無秩序」（organized anarchy という言葉を使っている）が起きているとしても、その揺さぶりが変革への適応力を高め、「不安定こそ安定」という実践につながっているなら、あなたはカンターの言うチェンジマスター、つまり変革型のリーダーということになる。組織のなかで行儀悪くするのは、ときに必要なことなのだ。

変革型リーダーシップは七つの特徴がある

R・M・カンターが一一の特徴をあげたのに対し、本章の最後に、わたしがよく議論の材料に使用する変革型リーダーシップの七つの特徴をもうひとつのリストとしてあげておきたい。六つリストしていたこともあったが、今は「エモーションへの対処」というEQの要素を加えて七つになっている。

① 戦略的ビジョンの提示・浸透
② 環境探査（スキャニング）と意味づけ
③ 実験的試行の奨励（革新的トライアル）

④　実施時の極限追求
⑤　フォロワーの成長・育成
⑥　コミュニケーションとネットワークづくり
⑦　エモーションへの対処

これら七つの特徴は『中年力マネジメント』（前出）に紹介したものと骨格は変わっていないものの、多少のニュアンスの変化がある。

ここまでの話で、戦略的ビジョン（Ｊ・Ｐ・コッター流に言えばアジェンダ設定）がトップにあることは理解していただけるだろう。戦略的ビジョンはふっと湧いてくるものではないから、戦略的ビジョンを描くためには変化を読む必要があり、環境を探査する必要が出てくる。たとえば、技術の動向、お客の嗜好の変化、規制緩和といったさまざまな環境を探る。次に、ビジョンの実現に結びつくような具体的プロジェクトに、人びとが試しに取り組んでいくことを促進、奨励する。「革新的トライアル」と言っているが、このトライアルがなければビジョンも画餅に終わる。ただし、試しにやっているトライアルだとばかり強調しすぎると本気さ、緊張が低下するから、リーダーシップを執るひとはきちんとリスクを取り、本気でやる人だと行動・態度で示す。

　こうして変革がスタートすると相当厳しくなるが、学者ではコッターが実践家ではウェルチやボシディがエクスキューションの重要性を指摘したように、やるかぎりはとことんやる。ここでは、そのような姿勢でのリーダー行動を「極限追求」と呼んでいる。正確に言えば、自らが極限追求することもさることながら、メンバーに極限追求してもらうことが肝心だ。ホンダの開発には、おだてて二階に上げたあとでハシゴを外し、下から火であぶるといったたとえがある。それと同じように自分もとことんやるし、部下にとことんやらせる。

「フォロワーの成長・育成」は文字通り、変革型リーダーが、変革型リーダーを次世代の中に育てていくということだ。コミュニケーションとネットワークづくりは他の要因すべての基盤にある。環境探査では、お客に会う、業界団体でライバル他社のひとに会う、学会で技術動向を探る監督官庁の話を聞く、といった形で、ネットワークづくりを伴う。革新的トライアルでも、極限追求でも、フォロワーの成長・育成でも、部下やチーム内のひととのコミュニケーションやネットワークがなければ成り立たない。そこで、六番目に「コミュニケーションとネットワークづくり」が入っている。

　第七の「エモーションへの対処」は、先に触れたとおりである。変革型リーダーシップの特徴の抽出作業を継続しておこなっているとき、エモーションやＥＱへの対処の必要性を感じていた。そこで『中年力マネジメント』にはエモーションを追加したが、ほぼ同時期に、ダニエル・ゴールマンの『ＥＱリーダーシップ』（共著）が出版された。

断っておくが、これらはあくまでも行動の特徴であり、実践家の持論ではなく、研究のレビューを通じて整理された理論である。過去の研究から導出された七つの原理・原則が並んでいるわけだ。たとえば、「戦略的ビジョンの提示・浸透」という項目を例にとると、「これが戦略的ビジョンの浸透に当たるのか」という自分の経験と照らし合わされないと、また、自分が「すごいリーダー」だと思うひとが実際にビジョンを練りあげ、浸透している姿を観察したことがなければ、この項目にあたる行動を身につけていくことは難しい。また、項目につけた言葉も自分にしっくりくりする表現に言い直すほうがよい。リーダーシップ開発は、やはり仕事の経験に根ざすキャリア開発と結びつかないかぎり実現しない。

変革そのものの学校は、実際になにごとかを変革する仕事体験なのだ。

第6章　組織変革のビジョン

変えようと思えばビジョンが要る

ここまで、「変革には危機感だけでなくビジョンや地図が必要」と繰り返し指摘した。ビジョンの必要性と重要性は今さら触れなくてもよいかもしれないが、今一度、認識を新たにするという意味で、興味のありそうな話題をピックアップしてふれておきたい。

C・R・ヒックマンとM・A・シルヴァは、『エクセレント・カンパニーを創る』のなかで、「現時点の事実、希望、危険と機会の混合物から、未来を創出しながら、既知から未知へ至るメンタルな旅路」とビジョンを定義し、「ビジョンの創出は、よりオペレーショナルなシナリオ構築に結びつかなければならない」と指摘した。ここで「オペレーショナル」とは「戦略的」と対比される「業務的」という意味ではなく、「操作的にすぐれている」とか「実効性のある」という意味であることに注意しよう。

よりオペレーショナルなシナリオ構築に結びつくビジョン創出の必要性は、経営学者だけでなく、実務家からも指摘されている。たとえば、キヤノンの賀来龍三郎さんは、キヤノンの歴史的転換をうながした優良企業構想というシナリオを提案した。経理出身者でビジョナリーな名経営者になったひとがいますかと聞かれると、そう多くのひとが浮かばないが、賀来さんはその筆頭にあげられるだろう。「大きなそろばん」と「大きな絵」をともに持ちあわせたひともいる（ふつうは、金庫番は別のひとにやってもらうビジョナリー・リーダーが多い）。

精密機器メーカーや電機メーカーが、怒濤のように電卓市場になだれ込んだ時代があった。キヤノンも参入したが、競争は熾烈をきわめた。当時、常務になったばかりの賀来さんは、御手洗毅会長に電卓市場からの撤退を進言する。

「なんのために実行するのかのビジョンがなければ、効果があがるはずがありません」

そのときの賀来さんの言葉が、これである。背景には電卓市場の競争の激化が企業体質を損なうという見通しもあったが、キヤノンをカメラ依存体質から脱却させ、総合精密機器メーカーとして成長させたいという賀来さんならではのビジョンがあった。撤退の進言であると同時に、将来の企業を見据えた変革へのビジョンでもあった。

その後、当時の、御手洗毅さんが病に倒れたあと、「お前がキヤノンの絵を描いたんだから、お前が社長をやれ」と言われ、賀来さんは社長に就任する。ビジョンを描いた賀来さんもすごいが、そのビジョンを信頼して賀来さんに将来を任せた御手洗毅さんもすごい。御手洗毅さんはメンターの役割を果たし、リーダーとしてのもうひとつの側面であるリーダー・ディベロピング・リーダーとしての役割もみごとに果たしたと言えるだろう。

賀来さんは優良企業構想という大きなビジョンを描き切っていたから、そのビジョンに沿い、キヤノンの変革を進めていった。世界に雄飛した現在のキヤノンの姿は、優良企業構想というオペレーショナルなシナリオ構想、大きなビジョンがあったから実現できた。

ミドル・マネジャーが四〇名弱集まったある会合で、オブザーバーで来ていた記者からソニーの出井さんに「社長になると思っていましたか」という問いがあった。出井さんは、「社長になるとは必ずしも思っていなかったが、社長のように考えていた」と言われた。社長になってもならなくても、ソニーを将来このようにしたいというビジョンとシナリオを文書化しておられたそうだ。

ジョセフ・ボイエットとジミー・ボイエットの『経営革命大全』（前出）に、「変えようと思えばビジョンが要る。ビジョンのつくり方を指南している本もある」というくだりがある。その紹介のあと、「権威たちが、簡単にビジョンを手に入れられるようにと単純明快な方法を教えてくれたとしても、われわれはビジョンにたどり着くどころか、道に迷うのがオチである」と添えてあり、直後に決定的なカウンターが用意されている。つまり、ビジョンのつくり方のハウツー本はあるが、人びとを鼓舞するビジョンをつくった名経営者たちは、そんなハウツー本をもちろん使ったわけではない（存在もしなかった）。

「自分自身の価値、欲求、期待、希望、夢に対する理解も深まっていないのに、どうして社員の心を動かすようなビジョンを描くことができるだろうか。ウォルト・ディズニーがディズニーランドの構想について語ったとき、彼が思い描いていたのは遊園地ではなく、幸せの場所だった。これは、極めて個人的で、自分の価値観、欲求、期待、夢を表現したビジョンである」

賀来さんにしても、ディズニーにしても、自分自身の欲求、期待、希望、夢といったものがビジョンの底流を流れている。ビジョンづくりをおこなうひとはこの言葉を手帳の第一ページにでも書き写しておくといいし、すでにビジョンを提示したひとは再度、その内容や表現のし方を検討する材料にしてはいかがだろうか。

変革のビジョンに必要な要素

ここで「ひとを燃えさせるビジョン」の具体例を考えてみたいと思う。すぐれたビジョンはいくつもあるだろうが、語り方の好例としてよくJ・F・ケネディのアポロ計画があげられる。知られすぎている一面もあるけれど、やはり言及しておきたい。

冷戦時代、旧ソビエト連邦は軍事的優位に立とうと、宇宙開発に力を注いだ。その成果が、一九五七年一〇月の人工衛星スプートニクの打ち上げ成功である。さらに、一九六一年四月には、空軍少佐のY・A・ガガーリンがヴォストーク1号で地球を一周する人類初の有人宇宙飛行をやってのけた。

宇宙開発で遅れをとったアメリカ国民に対し、六一年一月に大統領に就任したケネディは、人間を月に送るアポロ計画のビジョンを描き、アメリカ国民を勇気づけた。

「わたしは、米国民が六〇年代の終わりまでに人間を月に到着させ、そして安全に地球に生還させるという目的の達成に言質を与えるべきであると確信する。単独の宇宙計画で、これほど興奮を呼び起こす感動的な計画もなければ、これほど重要な計画もない。また達成がこれ以上困難で、多くの財源を必要とする計画もないであろう」

議会でのこの言葉通り、約九兆円と八年あまりの歳月をかけ、六九年七月二〇日、アポロ11号のアームストロング船長とオルドリン飛行士が月の「静かの海」に着陸した。残念ながらケネディは六三年一一月に暗殺されてこの世になく、月面に降り立ったアームストロング船長と無線で会話した大統領は、六九年一月に大統領に就任したニクソンだった。

ケネディの語ったアポロ計画には、変革のビジョンに必要な要素が盛られている。まず、「わたしは、……言質を与えるべきであると確信する」という表現は、自分がリーダーとなってリスクを取ること、本気でコミットすることの表明である。

次が、ビジュアルということだ。このプラン発表後は、毎夜の月を見あげるたびにビジョンの目標がハッキリ視認でき、しつこくいわなくとも再確認（浸透）につながる。

第三に、プロジェクトの達成期日を限定したことである。「いつの日か、月に人間を到着させる」では昔から語られてきた夢物語の域を出ないし、最近のカルロス・ゴーンではないが、いつまでにやると明言しなければ、誰も本気とは思ってくれない。

さらに、計画の困難性と財源の問題にも触れている。ここをあまり強調しすぎると失敗への予防線と取られかねないけれど、側面として、予想される抵抗への牽制作用も持っている。

象徴的で具体的なビジョンとは

こう変えていきたいと思えば、変えていきたい姿をビジュアルに描くことに大切だ。しかし、ビジュアルに描くと言っても未来のことなので写真で見せるわけにはいかないし、建築家のようには精密に模型で見せることもできない。どんな組織にしたいのか、どんな姿をめざすのかは、やはり言葉で表現しなければならない。聖書に「初めに言葉ありき」とあるように、「ビジョンに言葉ありき」といえる。黙っていても行動と背中を見ていれば分かるという面もあり、そのことを否定はしない。しかし、思いを「言語化」できることは、変革や運動のリーダーシップを執るうえで重要なことだ。

C・G・ユングは、「言葉や映像は、それがひと目で認識できる以上のものを含んでいる場合、象徴的である」と言っている。変革のビジョンで語られる言葉には、ひと目で認識できる以上のものが含まれているケースが多い。だから、ユングの言ったように「変革のビジョンは象徴的である」と言えるかもしれないが、象徴的と抽象的とは違う。象徴的でありながらビジュアル的であること、具体的であることが望まれる。

象徴的でありながら、具体的なイメージを喚起するのに成功した例がある。マーティン・ルーサー・キング牧師が演説で示した公民権運動のビジョンになる。

「同胞たちよ、今、わたしは言いたい。困難や挫折はあったが、わたしは夢を捨てない。わたしの夢はアメリカンドリームに深く根差したものである。

わたしの夢。それは、いつの日か国民が立ち上がり、『すべての人間は、平等に生まれている。この真実は自明のことだ』と、信念を真に貫くことである。

わたしの夢。それは、いつかジョージアの赤土の丘で、かつて奴隷と主人の関係にあった者たちの子孫が、互いに同胞として同じ食卓につくことである。

わたしの夢。それは、不正と抑圧という熱にあえぐ不毛の州、ミシシッピーさえも、いつか自由と正義のオアシスに変えることである。

わたしの夢。それは、わたしの四人の子どもたちが暮らすこの国を、将来、肌の色ではなく、個性で判断されるような国にすることである。

わたしは今日も夢を抱く……」

この演説で、このI have a dreamのリフレインのところでキング牧師は公民権（シビル・ライト）という抽象的な単語を一度も使うことなく、自分たちの求めている公民権とその内容を端的に描いてみせた。この例は、ビジョンを語るに言語化能力が大切なことを示している。言語によってビジョンを分かりやすくイメージ化し、相手のイメージ力に訴える。政治的な課題を人間が実現すべき普遍の理想の姿に変え、魂に訴えた。

いくら見事なビジョンを描ききっても、説明能力がないとひとはついてこない。説明能力の主要部分が言語能力であり、ひとを巻き込むためにはビジョンの言語化能力が欠かせない。

歴代のアメリカ大統領と日本の首相を比較すると、ビジョンの言語化能力に隔たりを感じてしまう。大統領のスピーチは専属のスピーチ・ライターが起草するが、演説は本人がおこなう（ただし、リンカーンのゲティスバーグの演説はゲリー・ウィルズ著『リンカーンの三分間』に描かれているように、本人によって書かれ、ギリギリまで推敲されていた)。そのとき、ライターの書いた文字をそのまま読んでいるのと、書かれた内容を自己言語化(自己具体化)しているのとでは、伝わる内容がまったく違ってくる。

内容を書くだけでなく、書かれた内容をどう語るかも重要だろう(これだけはキング牧師のビデオ映像を見てもらえないと伝わらない)。小説執筆や作詞は前者の問題で、芝居のセリフやジェスチャーや朗読は後者の問題といえる。クリントン前大統領はいろいろと問題も起こしたけれど、演説を聞くかぎり、そうした能力には卓越したものがあったように思われる。

人びとを巻き込み、ついていく気にさせるビジョン

キング牧師のような言語的才能を求めるのが難しいとすると、変革のビジョンを訴える際、どんな形容法を取ればいいのかが問題になってくる。当然、イメージしやすいという要素は求められるが、言語表現にハッとさせるものを持たせることもある。

リーダーシップのところで、ラグビーの平尾誠二さんの話を紹介した。平尾さんはそうした言語化能力に長けていて、よくほんとうにはっとさせられるような発言をされる。たとえ

ば、「ラグビーにフィギュアスケートと同じような規定演技があれば、日本チームは優勝するでしょう」とも言われたことがある。これは、きびしい警告をジョークにつつみこんだ表現だ。日本チームはきれいなパスがいいパスと思って反復練習しているから、きれいなパスをする。しかし、ゲームはそれで決まるわけではない。

「きれいなパスをつなぐことを考えすぎるな」と言われるのと、「規定演技があれば日本チームは優勝する。だけど、ラグビーに規定演技はない」と言われるのを比較すると、おもしろみも、イメージも、後者のほうが勝っている。

もうひとつ、なるほどと思わせる平尾さんの言葉をあげると、「ラグビーで大切なのは見切りと仕切り」というフレーズがある。ゴールをめざす刻々の流動的見切りがタイミングで、仕切りがポジショニングになる。大和言葉で韻をふんでいるところが、またすばらしい。「ラグビーにはタイミングとポジショニングが大切」と言われると当たり前と思うかもしれないが、「ラグビーは見切りと仕切り」と言われると、「それはどういう意味ですか」と乗り出したくもなる。いわゆる「まんま」ではないちょっと変わったテイストが加わると同時に、相手の興味を引く絶妙の話術ではないだろうか。

変革がめざす組織や達成されたときの姿を表現する自分なりに工夫した言葉のレパートリ

ーが豊かで、アナロジー（直喩）やメタファー（隠喩）に富んでいること。それが人びとを巻き込み、ついていく気にさせるビジョンの魅力になる。そうしたビジョンをつくれる自信のないひとは、「自分自身の価値、欲求、期待、希望、夢に対する理解も深まっていないのに、どうして社員の心を動かすようなビジョンを描くことができるだろうか」というジョセフ&ジミー・ボイエットの言葉を思い出してほしい。同時に、マーク・グラノベターが指摘した「弱連結の強み」を活用し、弱連結の人びとからはっとさせられる発想や言葉をいただくことも考えていいだろう。

非常識だったら、コロンブスは新大陸を発見できなかったかもしれない

変革のビジョンづくりは、ただ会社を変えようとするだけの仕事ではない。ビジョンづくりの準備段階から魅力に満ちたワークであり、ワクワクしながらおこなうものでなければならない。そのことについて、一橋大学の米倉誠一郎さんとのやりとりを思い出す（ここまでふれてきた「コロンブスの非常識や勇気だけが新大陸発見を導いたのか」という問いかけをめぐるやりとりだ）。正確な再現ではないが、おおよそ次のとおりだ。

「電車のポスターで、『非常識がコロンブスにアメリカ大陸を発見させたのだ』というよう

な言葉を見た。あるマーケティングの調査会社の吊り広告だった。コロンブスは、非常識、向こう見ずで航海に出たわけではない。しっかりと研究をして見込みを持ったうえでのことだ。でないとスポンサーや乗組員の説得もできなかっただろう。わたしは、コロンブスは非常識な人間で、向こう見ずの挑戦心が新大陸を発見させたとは思いません。ポスターのコピーは一見かっこいいが、違うんだよ」と。

向こう見ずな非常識が偉大なことを成し遂げさせるとなると、世の偉人はみな非常識な人間だったということになる。たしかに、創造的なひとにはどこか非常識、あるいは向こう見ずの挑戦心の側面も少なからずあるだろう。だけど非常識の塊だけのような人間が偉大なことを成し遂げるというのは大きな見当違いだ。

コロンブスでいちばん重要なことは、結果においてアメリカとインドを間違っていたことになるものの、事前の下調べで地球は丸いらしいとか、地の果ては奈落ではなくそのまま水が流れ落ちてはいないらしいとかが分かっていたということだ。それが分かっていなければ、乗組員を募っても説得できるわけがないし、スペインのイザベラ女王を説得して出資者にもなってもらえなかっただろう。

パロス港からサンタマリア号の帆を揚げたとき、コロンブスは「ゴー・ウエスト！」と言ったとされている。それまではずっと「ゴー・イースト！」だったので逆方向への出帆だ。大航海時代に、コロンブス以外は、バスコ・ダ・ガマもマゼランも皆東に向かった。東向きの航海でなければジパングが「極東」の国と呼ばれることもなかっただろう。さて、米倉さんの言われるとおり、はるか見えざる世界へ旅立ったときのコロンブスには、成功だけを求める非常識だけでなく、また未知に乗り出す冒険心だけでなく、乗組員と女王を説得できるだけの地球の地理的な知識と、その知識に基づく成功の公算があったと思う。もしコロンブスがただの非常識人間であったら、新大陸発見者としての名誉は誰か別の人間が授かっていただろう。

ベンチャー・ビジネスの旗手も、突飛なアイデアであっても、これでうまくいくというビジネスプランを理詰めで考えている。そうしたビジネスプランだから資金も集まるし、それならいけそうだと思うから働くひとも出てくる。

ヴァージン・グループの総帥であるチャールズ・ブランソンは、気球をはじめとしたさまざまな冒険で有名になっている。多分に企業宣伝を意識した行動だと思うが、「僕が冒険を好むのは事実だけど、冒険をやる前の学習がいちばん魅力的なんだ」と、言っている。

ブランソンの言葉をどう読むかだが、冒険を実行する前には学習が必要ということより、それが魅力的、楽しいと表現しているところに彼の言葉の魅力を感じる。

いざ冒険に旅立つのだけれど、冒険する前には勉強と準備が要る。しかもその勉強と準備はおもしろくない仕事ではなくて、それ自体が魅力的な時間になる。コロンブスも、この青い海の向こうにはインドがある、とワクワクしながら地理を勉強したのだろう。

道に迷ったときは、どんな古い地図でも役に立つ

変革の地図であるかぎり、変革のビジョンは明確に、そして正確に描かれることが望ましい。しかし、過去にたどった道程ではないし、大きな変革であればあるほど未知の領域が増えるから、なにからなにまですべて正確に描き切ることは不可能になる。プロジェクトの進行過程でもいろいろな障壁が登場するし、その障壁をどう乗り切ればいいか思案に暮れることもある。

そんなとき、参考にしてほしい言葉がある。それは、ハンガリー軍がアルプスでの軍事機動演習中に起きたあるエピソードをもとに、ミシガン大学のカール・W・ワイクが展開した教訓だ。それは、道に迷ったときは、どんな古地図でも役に立つという興味ある可能性を示唆しているという教訓だ。

軍事演習で、ハンガリー軍の若い中尉が偵察隊を送り出した直後に雪が降りはじめ、二日間降り止まなかった。その間、偵察隊は帰還しない。中尉は自分が彼らを死なせたと思い悩むが、三日目になって偵察隊は帰ってきた。隊員のひとりが地図を持っていたことで偵察隊は生還できたのだったが、中尉がその地図をよく見ると、それはアルプスの地図ではなく、ピレネーの地図だった。

モルガンギャランティの財務担当筆頭副社長のボブ・エンゲルに対して、ワイクはこの話を披露して、感想を聞いたことがある。すると、「偵察隊の隊長が、部下の持っていた地図をピレネーの地図（つまり、まちがった地図）と気づきつつ、『やった、これがあれば帰れる』と言って、皆を生還させたとすればすばらしい。経営者なら、皆そうした経験があるはずだ」と言ったのを記憶している。

ハンガリーの演習のエピソードは、なにかを試みようとするとき、不正確で頼りないと思えるようなもののなかにも、見すごすことのできない貴重な指針が隠れている場合があることを証明している。

ただし、これには条件がある。それは、混乱したり、迷ったりしている問題につながるヒントが発見できるものという条件である。先のエピソードでいえば、山脈のある場所は違っても、同じ山脈の地図だった。雪のなかで迷ったときに浮き足立たず、山歩きの本質を考えるうえで、ピレネー山脈の地図が役に立ったと考えられる。

こう言うと、変革ビジョンがうまく創案できなかったり、変革の道に迷ったりしたとき、「他社の成功パターンを拝借すればうまくいくかもしれない」と考えるひとが出るかもしれない。しかし、そう短絡的に考えると落とし穴にはまる。ピレネーの地図が雪中の偵察隊の命を救ったとしても、ディズニーランドの地図や海図ではまったく役に立たなかったはずだ。その意味では、どんな地図でも役立つわけではない。山で迷っているとき山の地図を持っていることに意味がある。他社の成功パターンは他社の地図であり、同じように変革の道を歩んでいても、自社の地図として活用できるとはかぎらない。ひょっとすると、それはディズニーランドの地図や海図である危険性もある。

だから、慎重に言えば、どんな古地図でも役に立つというやや極端な言い方はエンパワーメント（元気づけ）要素として考え、地図のコンテンツについては参考にするにしてもちょっと距離を置いたほうがいい。他社の成功パターンに飛びつく前に、少し離れた距離から他社がなにを考え、なぜその方法が成功したかの本質を把握するようにしなければならない。

ナスカピ族はなぜトナカイ狩り成功率が高いのか

カール・E・ワイクには、もうひとつとっておきのナスカピ族のエピソードもある。ナスカピ族は行動的な狩人で、トナカイ狩りの成果も非常にすぐれているという。狩りに出る前に彼らはある占いをし、それを信じて行動する。その占いはトナカイの肩甲骨を火であぶるというものだ。その占いの結果に基づき、ヒビが入った方向にトナカイ狩りに出かける。そうすれば必ず獲物にありつけると信じて彼らは狩りをしてきた。

ここでなにが起こっているかというと、「やる気のミドルほど無力感に陥っている」のところで説明したM・セリグマンの学習性無力感の逆の循環である。どんな風にやってもダメだと思うから無力感に陥るのとは逆に、必ずこの方向にいけばいいことがあると信じて動くから、実際にいいことが生じる。そのような善循環がここにある。プラスに働く自己成就的予言と言ってもいいかもしれない。

占いでどの方向が示されたにせよヒビの入った肩甲骨が一種の地図だとしたら、そのコンテンツ（つまりヒビの示す方位）そのものには、実際にはあまり意味がない。「その方向に進めば、必ずいい狩りができる」とナスカピ族の狩人が心から信じていることが重要になる。心から信じているからこそ行動に積極性が与えられ、獲物が手に入るまでその方向を歩み続けられるし、最終的に狩りに成功して帰ってくる。

信じてアクションを起こし、それを継続すること。それが成果につながる。「こっちにいけば、本当にトナカイがいるのかなぁ」ではダメだし、「しばらく歩いたけどトナカイはいそうにないし、狩りをやめて帰ろうか」では、絶対にトナカイは仕留められない。

こうした活動の原動力を、ワイクは、「エナクトメント（enactment、行為に思い切って出ること。辞書的には、法律の制定や立法化、劇などの上演を指す）」を通じての行為の意味づけ（センス・メイキング＝意味の生成）と呼んでいる。この方向にいけばトナカイに出会うはずだと信じて元気よくがんばる結果、獲物が見つけ出せる。狩りという行為も、ヒビの入った方向を選ぶという最初の選択も、それでよかったと腑に落ちる（意味が生成される）というわけだ。

変革のビジョンが、ナスカピ族の占いで使われるヒビのようなものでいいと言っているわけではない。ナスカピ族の狩人にとってのトナカイのヒビと同じように、変革をおこなうひとにとって、ビジョンはその方向を信じて歩き続けられるものでなければならない。

理詰めで正しい絵であっても、それを信じてやる気にならないようであれば、ただの飾りでしかない。ビジョンを見たひとが「これなら信じられる。やろう」と燃えるような、示された方向性を信じて歩き続けられるような魅力を備えている必要がある。

ビジョンというと聞き飽きたという実務家、ビジョンというだけでは広すぎてポイントを逃がしていると言う経営学者によく出会う。ともに心からそう思っての発言だと思う。ビジョンと言いつつ業務的なスローガンに終わるものも多い。ただし、そのようなひとも、ビジョンが①生き生きとしてビジュアルにあるべき姿を描き、②そこに至る筋道や歩みの元気づけとなり、③それゆえ腑に落ちる（センス・メイキングに役立つ）ビジョンなら話は違うと言う。

わたしが尊敬する職場同僚の三品和広さんも、神戸大学のＭＢＡコースで、ビジョンが大切というだけでは、大ぐくりすぎて焦点が定まらないと警告していた。しかし、そのとき同時に、もしビジョンを肝心な役割に絞りこめば、ビジョンの持つセンス・メイキングの力が発揮されると示唆していた。


忙しいから絵が描けないのではなく、描けないから忙しいだけだ

「ビジョンが大事」という話をすると、「大事なことは分かっています。でも、忙しくて」という頭をかくひとがいる。そういうひとには、「計画のグレシャムの法則」を知っていただきたい。

「グレシャムの法則」は、一六世紀の経済学者T・グレシャムの「悪貨は良貨を駆逐する」という有名な経済法則だ。分かりやすい話をすると、慶長小判などの金の含有量の多い小判などが退蔵され、金の含有量の少ない劣悪な小判や天正小判のような贋造品《がんぞうひん》ばかりが出回ることを考えればいい。

当時のイギリス女王・エリザベス一世の財務官でもあったグレシャムは、この意見を具申したといわれている。その後、一九世紀の経済学者H・D・マクラウドの『*The Elements of Political Economy*』のなかで、「グレシャムの法則」と命名されている。

「計画のグレシャムの法則」はH・A・サイモンが提唱したもので、「ルーチンの小さな計画が、節目で描くべきより大きな計画を駆逐する」というのがその内容になっている。これを「計画のグレシャムの法則」というのは、元々のグレシャムの法則の貨幣を計画に置き換えた形になっているからだ。

たとえば、わたしの場合でも、一〇年後を考えてこういうテーマの研究をしなければと思っていることがあるのに、明日までに書類を出さなければならないとか、すぐに会う必要のある学生がいるとかいった場合、一〇年後のテーマを考えるより先にそちらに対処しないといけなくなる。つまり、小さな意思決定やアクションが、節目で描くべき大きな絵の制作や計画づくりを駆逐してしまう。

「計画のグレシャムの法則」は、組織のなかの大きな絵を描くこと、ビジョンづくりに関係してくる。ビジョンが要ると思っていても、たとえば、目の前で起きているお客さんのクレーム対応とか処理のほうに目がいってしまう。小さな意思決定のなにが始末に悪いかというと、忙しいことが「ちゃんとやっています」という免罪符になることにある。しかも、クレーム対応は、実際に即座に着手すべきことなのだ。

ジョン・P・コッターたちはこの点、興味ある形で一味違う考えを提示してきた。コッターたちは、忙しいエグゼクティブたちがうまくいっている理由に注目するなら、忙しいから大きな絵が描けないのではなく、大きな絵が描けているから忙しくても大丈夫なのだと言う。忙しくなる理由は、エグゼクティブでも課長さんでも変わらない。いろいろなひとに会い、いろいろな活動をするからである。それを「活動の断片化」という。

H・ミンツバーグには、経営者や中間管理職の日常行動における時間配分について自分の研究と他の関連研究を比較した「ハーバード・ビジネス・レビュー」誌の論文があり、『人間感覚のマネジメント』に再録されている。わたし自身の手元にも、いくつかのメーカーの課長さんクラスを対象にした研修から得られた、活動の断片化のデータがある。ある課長さんは、午前中の三時間半の間に九個の活動をおこない、個々の活動の長さは平均一七分三〇秒だった。イギリスのT・バーンズの調査によると、一日の単発活動数は平均三四個で、持続時間の平均は一九分になっている。

トップ・レベルの経営者に近づくほど、自分で自主的にアポを入れてそれを管理することが減ってくる。優先順位は経営者自らが設定しても、その後は、秘書が判断し、必要と考えれば空いている時間に秘書がアポを入れていく。それでも大丈夫なのは、大きな絵を描いているおかげで、「今度、あいつに会ったらこれを聞いておく必要があるな」とか「あいつにはこれを頼んでおかないといけない」というアジェンダ内の項目とネットワーク構築のために会うひととのかかわり方が不可分につながっているからだ。大きな絵のなかにアジェンダとしての具体の活動目標が大小おりまざって整理されていて、それと連動する形でネットワーク構築がなされている。だから、一見断片化している行動のなかで、実に大勢の人を巻き込みながら、描いた大きな絵の実現に向かって一ミリでも前進することができる。ほかならぬ活動の断片化を招くのがネットワーク構築だが、それがアジェンダに導かれているし、アジェンダの中身はネットワーク内の各人とのコンタクトから繰り上げられていく。

だから、忙しいので時間の断片化が起こることを大きな絵が描けない理由にするひとは、そうならない生き方、働き方があることを知っていただきたい。「計画のグレシャムの法則」に陥っている自分を、どこかでキッパリ変える必要がある。

変えてはいけない「原理」

変革期には、よく「聖域は残さない」といった形容が使われる。しかし、ビジョンをつくる際、変革のターゲットとすべき領域とターゲットにしてはいけない領域がある、と考える。後者の領域、あるいは立脚点を「不動点」と形容しているが、この不動点があるからこそ、変革の継続も可能にもなる。

一橋大学の伊丹敬之先生に、『人本主義企業』という著書がある。サブタイトルは「変わる経営　変わらぬ原理」と魅力的で、「いいサブタイトルですね」と申し上げたところ、「逆の会社がたくさんあるから」と言われた。本来、原理原則は変わらないから原理原則なのに、「コロコロ変わる原理原則　変わらぬ経営」の会社が多すぎるということである。

サン・マイクロシステムズ会長兼CEOのスコット・マクナリーは、「大きな原則は変えてはならない」といっている。「.com」や「java 2」で知られるサン・マイクロシステムズは世界に先駆けてインターネットに着目し、インターネットの急成長とともに急拡大した。この急成長に会社のコントロールが追いつかずに危機に直面するが、このとき、経営陣を前にマクナリーが発した言葉がこれである。

言葉の背景を少し説明する必要があるだろう。創業時、サン・マイクロシステムズがめざしたものは、地球上の誰もが高速の通信ネットワークでいつでも、どこでもつながれることだった。危機に面して変革が求められたとき、マクナリーはこの言葉で創業時の方針を再認識するとともに、製品を多く売ることや利益の拡大、それに会社を大きくすることがサン・マイクロシステムズの存在意義ではないこと、そして、人びとのために自分たちの事業があることを共通認識にして、会社の再構築をやり遂げた。

不動点は、ミッションとの置き換えも可能だ。ビジョンは、組織の節目で編み直されることはあっても、ミッションがゆれゆれでは困る。アイデンティティという表現もあるが、「伝える」という側面のニュアンスはミッションという言葉のほうにより色濃く入ってくる。アイデンティティは、長い発達、発展のプロセスの途中でどんなに葛藤があっても全時点を貫くものである。これも不動点のひとつではあるが、本来より内面的なものだ。ミッションは、使命を伝える、そのために命をかけてでも布教の旅に出るというニュアンスがある。

変わるときに、どこにたどり着くかという見通し、あるいはいきたいところのビジュアルなイメージがビジョンになる。しかし、「どうしてそこに連れていきたいんですか」とか「なぜその旅をするのですか」という点に関して、「こうした意味があるから、そうしたいんです」と、ちょっとビジョンを超えた「なぜ」と答える部分がミッションになる。ミッションがあると一枚上という感じがするけれど、あまり無理してはいけない。ビジョンに向かって、ミッションに向かって動き始め、動き続けようとするときのエネルギーの源泉がパッションだ。

ミッションは公共性とも関連してくる。ただ高い公共性を掲げても、利益がなければ会社は存続できないから、公共性において無理や無茶をしていると長期的にはダメになる。ミッションの対極に位置するものが、儲けよう主義になる。こうやったら継続して収益をあげられるという根っこにあるもの、つまりデリバラブル（もたらしてくれるもの）を考えると、お客さん、ひいては世の中の役に立っているという意識がないかぎり、儲けよう主義だけでは、根本のところでひとはまず燃えない。いったん、儲けだけのために燃えかけたとしても、すぐに燃え尽きるか、そうでなくとも長く燃え続けるのは、むなしくなる。

たとえば、医薬品メーカーで、難病に効く新薬を開発して世界中で爆発的に売れたとしよう。そのとき、売り上げと利益だけの話ではなく、患者とその家族の健康を気遣うヒューマン・ヘルスケアが会社の理念、あるいはミッションとして定義されていれば、お客さんは本当に喜んでくれる。そうした声が聞こえれば営業部員だって、開発研究員だって、もっと世の中のひとの役に立つ新製品を送り出そうと燃えるだろう。これは実際に、エーザイのアリセプトという薬品で起こったことだ。開発者の杉本八郎さんたちは、グローバル・ヒューマン・ヘルスケアに貢献したことになる。

だから、変革のビジョンでは、不動点であるミッションがコア中のコアとなる。「こういうミッションがあり、そのミッションを実現するために、こういう変革をおこなう必要がある」と、示されたものがよいビジョンになる。従業員が燃えるような、あるいは燃えやすいように、視覚的に描きやすく、魅力がこぼれてくるような表現で彩られていればもっといい。

ビジョン、パッション、ミッション

今、ビジョンとミッションの関係を述べたが、ここにはパッション（旅を続ける情熱）という要素も入ってくる。最後は指揮者の佐渡裕さんの話で締めよう。「今北純一さんの本を読んだら、ビジョン、パッション、ミッションって書いてあったんですけど、ぼく、振り返ってみたら、最初は音楽を続けられたらいいというパッションだけだったんですよ」と、対談する機会があったときに佐渡さんが言っておられた。

この部分を書いていると、『西洋の着想　東洋の着想』という今北さんの本に、佐渡さんのことが出ています。なかなかいい文章ですよ」と、教えてくれた知人がいる。佐渡さんの話に登場した今北さん、そして佐渡さんの話を書こうとしたわたしに今北さんの本を教えてくれた知人。C・G・ユングの言ったシンクロニシティ（共時性）みたいだ。

今北さんは、フランスの多国籍企業であるエア・リキードのパリ本社シニアエグゼクティブの要職も経験している。同書の「国境を越える独創性」のところに、「№10896７R－G－2。それが知人にとってもらった私のチケットの番号であった」という出だしで、パリで開かれた佐渡さんのコンサートに感動した今北さんの記述があった。国際的な活躍をしておられる今北さんだけに、その他の部分もなかなか読みごたえがあった。

話をパッションにもどすと、パッションを持っているひとが、パッションだけでは足りないところに見通しが出てきたら、もう相当なものだ。それがビジョンである。パースペクティブも「見通し」と訳されるが、「見通し」という言葉には目に見える感覚があって気に入っている。そこをもう少し格好つけた言葉が、「ビジュアルなビジョン」になる。

実は、パッションとビジョン、それにミッションは入れ子状になっている。パッションのないビジョンは情けない。自分が燃えていないのに、ひとをそこに連れていこうとするのは空しい。また、ミッションと言っているのに、ビジョンがなくて道筋が見通せなかったら、ミッションがウソっぽくなる。ミッションを言うひとは、やはりビジョンとかパッションを備えたほうがいいし、ビジョンを言うひとにパッションやミッションがなかったらひとは燃えない。

パッションなきビジョンやミッションは困るが、ビジョンやミッションのないパッションも困る。でも、若いときであれば見通しなきパッションも許せるような気がする。

逆に言うと、あまり若いときからミッションを持っているひとはウソっぽい。神戸大学の社会人大学院に学んだ的場正晃さんは、ミッション型経営を実践してきた多くの経営者にインタビューして修士論文にまとめた。リサーチの結果は、創業時点の若いときからミッションを持っていたひとのほうが例外的で、圧倒的に少数だった。

松下幸之助も、創業のときから水道哲学というミッションを持っていたわけではない。ある教団を見て、信じるところを持っている人は違う、と感じたのが経営理念をかかげる契機になっている。

最初からビジョンやミッションを持っているひとはいない

先に、「最初は音楽を続けられたらいいというパッションだけだった」という佐渡さんの言葉を紹介した。

この言葉は、「音楽家、指揮者としてここに至るまでの一皮むけた経験をいくつかあげてください」という問いを佐渡裕さんに投げかけたとき、漏らされた言葉だ。佐渡さんは、「この親の元で生まれたのがひとつ目」といわれた。それを除いて三つあげていただくと、最初が、タングルウッド音楽祭でレナード・バーンスタインから指揮を学べたことをあげられた。ただそのことで一皮むけたのではなく、そのおかげでオーケストラでやっていけるような気になれたと言う。そして、「最初は音楽を続けられたらいいというパッションだけだった」という先の言葉が続いた。

京都芸術大学の学生だった佐渡さんは、卒業したらなにをするのとか言われてがくっときた経験があるそうだ。まるで音楽では食べられないというような質問に聞こえたので、食べることにはこだわりたい佐渡さんにはこたえる質問だったようだ。しかし、なにがあっても音楽は続けたいと思ったから、学生のオーケストラやママさんコーラスを指揮したり、フルートのレッスンとかできちんと収入が得られるようになっていった。

タングルウッド音楽祭でバーンスタインに学んだのち、日本に帰国しようとしたとき、小澤征爾さんから（正確な引用でなく恐縮だが）「収入があるからといってこのまま京都に帰ったら、惜しい。お前は世界の器だと、この世界のバーンスタインが言っているのだ。借金をしてでも京都に帰らず、まだ荒削りだけど、バーンスタインについていけ」という趣旨のことを言われたそうだ。その言葉で、ただパッションだけではなく、世界レベルの指揮者になるというビジョン（見通し）が出た。

第二の経験として、ブサンソンの音楽コンクールで一位になったことをあげられた。音楽祭一位というとこの世界におけるエリートコースのように響くが、実はそういうことを強調したいのではない。まず、優勝したおかげで目の前に広がるかもしれないチャンスの大きさに身震いしたという。京都交響楽団でもタクトを振る機会を得るのは難しい。そう思っていた自分が、世界の名のあるオーケストラの指揮台に立てるかもしれない。このことに気づいた時点で、ビジョンがもっとビジュアルになった。

そして、「第三の節目が今です」と言われた。クラシックの本家本元のヨーロッパでも、チケットは売れていいてもコンサートホールには六、七割しか入っていない日がある。大半がお年寄りで、ヨーロッパでもクラシックは衰退しつつあるように思われたそうだ。若い人びとがどんどん来ているわけではないことも気にかかる。

もっと若いひと皆にクラシックを聴いてもらおうと、「プロジェクトジパング」と自分では呼んで、クラシックの嵐を日本から起こそうとしている。そのために、兵庫県の音楽総監督を引き受けたり、バーンスタインの遺産である「ヤングピープルズコンサート」という名前の使用を遺族から許可してもらったりしている。また、「一万人の第九」というイベントに二〇〇二年は平井堅を呼んだりして、音楽を通じてひとを元気づけるというか、クラシックをもっと身近にする活動を精力的におこなっている。これはもう立派にミッションと自覚し始めておられるようだった。

佐渡さんには『僕はいかにして指揮者になったのか』という著作があり、ここまでのキャリアの足跡を知る良書だと思う。キャリア開発でも、パッション、ビジョン、ミッションの関係を知るうえでも、大いに得るところがある。

誰でも、最初からビジョンやミッションを持っているわけではない。見通しなきパッションからスタートし、見通しが立つようになってビジョンが描けるようになり、さらにビジョンがよりビジュアルになってミッションに昇華されていったすばらしい例がここにある。それも、一皮むける経験が節目になっている。やはりどこまでいっても個人の節目、一皮むける経験をどう自分のなかに生かせるかがキャリア発達の大きな問題であり、リーダーシップ開発でも、ビジョンやミッションの創出でも、重要なキーワードになってくる。

個人が変わらないと、組織も社会も変わらない。ビジネスの世界を念頭に書かれた組織変革についての小さな書籍だが、最後に、大きな人物の世界を舞台にした話をさせていただいた。

大半の個人の発想や行動パターンが変わらないと組織は変わらない。しかし、大半の個人の変化を導く人物が不可欠だ。だから、変革型のリーダーシップの話なくして、組織変革の議論を尽くすことはできない。

あとがき

「変化」ということは変わることで、「変革」とは、それを意識的にもたらすことだ（英語では、ともにchangeだが、あえて言えば、後者の変革は、組織開発の用語でいうplanned changeだ）。変革をひとりだけでなく組織のなかに起こしていくのが「組織変革」だ。さらに、受動的に恐れる気持ちだけでおこなうのでなく、能動的に夢を追う気持ちとともにおこなうひとにとってのテーマが、「組織変革のビジョン」だ。

危機感も大事だが、それだけでは足りない。ビジョンという言葉にはもう裏切られたというひともいるかもしれないが、ビジョンという言葉で表現するしかないような前向きの旗がいる。大声で旗を振るためというより、その旗印を見ていると、歩みに元気が出るようなビジュアルなビジョンなら、空しく響くだけのスローガンのようなビジョンとは違うだろう。

本文でもしつこく繰り返したメッセージだが、確かに、危ないときに、危ない、怖いと叫ぶのは大事だ（そうでないと「跳び上がれない」）が、変革期にいったん危険におののき跳び上がった後、持続して跳び続けるエネルギーは、そこにたどりついたらどのような希望があるのか、という点に求めたい。われわれが「ビジョン」という言葉に代表させているのはそのような素直な気持ちだ。

ビジョンがことの本質でないという意見もあるし、ビジョンが大事だというだけでは焦点がぼけて広すぎるという意見があるのを知っている。しかし、この組織変革のビジョンについて、考える基点となるような原理・原則を探すのが、この新書の使命だ。

変革は確かに、筋書きのないドラマみたいなところがある。しかし、そういって放置してなにもしないままでいてはいけない。組織変革について知っていれば役立つ知識もあるし、変革を促進してくれるか、変革の阻害要因に気づかせてくれるか、いずれかの形で、理論が実践につながるところがある。

個人にも組織にも、どんなに変化する環境のなかでもぶれない原理・原則があるはずだ。変化のなかに不動のものを見つけることは、変革の時代を生き抜く鍵だ。

働く個人のキャリア発達やモチベーション、それに大きな影響を与えるリーダーシップに関心をもつわたしにとって、組織変革は、避けて通れないテーマだった。その理由はなによりも、一皮むけるような大半の貴重な経験が、組織を変え、自分も変えてしまうような経験であることが多いからだ。

変わるなかで不変のものを感知し、それがあるからしっかり変われるという経験をいくつかくぐってきた個人も、組織もたくましい。

われわれは変わるために生きているのではないが、変わるときに生きていることをあらためて実感する（うまく変われないと生き残れないこともあるし、うまく変われることがそれまでになかった自分らしい生き方につながることもある）。そして、同時に、変わることがいかに困難か。自分も、また自分の所属する学会や大学という世界も、なかなか変わらないので実感するし、組織変革のビジョンは、著者にとっても、学問的にだけでなく、実践的にも、傍観できないテーマだった。いつかは直視すべきテーマだった。

組織変革はわたしにとってそのようなテーマだったが、このたび、光文社新書編集部の古谷俊勝さんとライターの西山恵二さんに、強力に勧められ、強力に支援されなかったら、本書は陽の目を見ていなかったことだろう。少なくとも、もっと本格的なものを書きたいとか、まだ書けないとか言って、着手していなかっただろう。このようなすばらしい応援と支援のもとで本書を上梓できるようになったことを喜ぶとともに、おふたりの名前をあとがきに記して感謝の気持ちを表したい。

このような最高の支援があったにもかかわらず、まだまだ扱いが不完全なところ、思考や議論が不十分なところが残っているし、気がついていない視点や場合によっては間違いもわたしの側にあるだろう。今後、さらに、この問題を深く掘り下げるための一里塚として、変革にかかわる研究、教育、実践に継続してタッチしていきたい。

あることを理解するということは、変わるということでもある。このささやかな書籍が、読者の皆さんにとって、なにかが変わる契機となったり、それを長期的に導く変革のビジョンに結びつけられれば、著者として望外の喜びだ。

This is a song of hope, if a book can create a sound of music. ——金子郁容さんにだいぶ以前に教えてもらった言葉に、「音楽（ミュージック）が終わっても、旋律（メロディ）はずっと残る」というフレーズがある。

組織変革は、実践が命だ。だから、読み終わったあと、何かが旋律として心に残り、その旋律が希望につながって、危機感だけでなくビジョン主導の組織変革が継続して読者の皆さんと、皆さんの身の回りで生じ始めることを、希望したい。

参考文献

・Kotter, John P., *The General Managers*, Simon & Schuster, 1986
・Macleod, Henry Dunning, *The Elements of Political Economy*, Longman, Brown, Green, Longmans, and Roberts, 1858 ※
・McCall, Morgan W, Jr., *The Lessons of Experience: How Successful Executives Develop on the Job*, Simon & Schuster, 1988
・Schein, Edgar H., *The Corporate Culture Survival Guide: Sense and Nonsense about Culture Change*, John Wiley & Sons Inc., 1999

※が末尾に付いた書籍は、2004年７月20日現在、絶版・品切れと思われるものです。図書館等においては、これらの書籍を検索・閲覧できる可能性があります。

ま行

・マズロー，A.H. 著、大川修二訳、金井壽宏監訳、『完全なる経営』日本経済新聞社、2001年

・マッコール，モーガン著、リクルートワークス研究所訳、金井壽宏監訳、『ハイ・フライヤー』プレジデント社、2002年

・ミューラー，ロバート・K．著、寺本義也、金井壽宏訳、『企業ネットワーキング：創造的組織を求めて』東洋経済新報社、1991年※

・ミンツバーグ，ヘンリー著、北野利信訳、『人間感覚のマネジメント：行き過ぎた合理主義への抗議』ダイヤモンド社、1991年※

・モーガン，ピーター・スコット著、三沢一文訳、『会社の不文律：ホンネがわからなければ、何も変えられない』ダイヤモンド社、1995年※

ら行

・ラブ，ジョン・F. 著、徳岡孝夫訳、『マクドナルド：わが豊穣の人材』ダイヤモンド社、1987年※

洋書

・Adams, Scott, *The Dilbert Principle: A Cubicle's-Eye View of Bosses, Meetings, Management Fads & Other Workplace Afflictions*, Harpercollins, 1997

・Burns, James McGregor, *Leadership,* Perennial, 1982

・Cohen, Michael D., March, James G., *Leadership and Ambiguity: the American College President*, McGraw-Hill, 1974

・Goman, Carol Kinsey. *The Loyalty Factor: Building Trust in Today's Workplace*, Master Media Pub Corp, 1991

・Kotter, John P., Lawrence, Paul R., *Mayors in Action: Five Approaches to Urban Governance*, Wiley, 1974 ※

Decline in Firms, Organizations, and State, Harvard University Press, 1970　洋書はアマゾンで購入可）
・バーナード，C.I. 著、山本安次郎、田杉競、飯野春樹訳、『経営者の役割』ダイヤモンド社、1968年
・ピーター，ローレンス・J.、ハル，レイモンド著、渡辺伸也訳、『ピーターの法則：創造的無能のすすめ』ダイヤモンド社、2003年
・ヒックマン，C.R.、シルヴァ，M.A. 著、『エクセレント・カンパニーを創る』講談社、1985年※
・フェスティンガー，レオン著、末永俊郎訳、『認知的不協和の理論』誠信書房、1965年※
・藤沢武夫著、『経営に終わりはない』ネスコ、1986年（文春文庫、1998年）
・ブリッジズ，ウィリアム著、倉光修、小林哲郎訳、『トランジション：人生の転機』創元社、1994年※
・ヘクシャー，チャールズ著、飯田雅美訳、『ホワイトカラー・ブルース：忠誠心は変容し、プロフェッショナルの時代が来る』、日経ＢＰ出版センター、1995年※
・ベルクソン，アンリ著、真方敬道訳、『創造的進化』岩波書店、1979年※
・ボイエット，ジョセフ、ボイエット，ジミー著、大川修二訳、金井壽宏監訳、『経営革命大全』日本経済新聞社、1999年（日経ビジネス人文庫、2002年）
・ホクシールド，アーリー著、石川准、室伏亜希訳、『管理される心：感情が商品になるとき』世界思想社、2000年
・ボシディ，ラリー、チャラン，ラム、バーク，チャールズ著、高遠裕子訳、『経営は「実行」：明日から結果を出すための鉄則』日本経済新聞社、2003年

プレジデント社、1992年※
・シュロスバーグ，ナンシー・K. 著、武田圭太、立野了嗣監訳『「選職社会」転機を活かせ』日本マンパワー出版、2000年
・セルズニック，P. 著、北野利信訳、『組織とリーダーシップ』ダイヤモンド社、1963年
（新訳版1970年、新版1975年、いずれもダイヤモンド社）※

た行

・ダック，ジーニー著、ボストン・コンサルティング・グループ訳、『チェンジモンスター：なぜ改革は挫折してしまうのか？』東洋経済新報社、2001年
・タンストール，W. ブルーク著、野中郁次郎監修、関口和雄ほか訳、『ATT 分割：企業変革の教訓 経営ドキュメント』プレジデント社、1986年※
・チャンドラー，Jr., アルフレッド・D. 著、有賀裕子訳、『組織は戦略に従う』ダイヤモンド社、2004年
・寺本義也著、『パワーミドル』講談社、1992年※
・トゥアン，イーフー著、金利光訳、『恐怖の博物誌：人間を駆り立てるマイナスの想像力』工作舎、1991年※
・ドリュモー，ジャン著、永見文雄、西沢文昭訳、『恐怖心の歴史』新評論、1997年

な行

・ネイスビッツ，ジョン著、竹村健一訳、『メガトレンド』三笠書房、1983年※

は行

・ハーシュマン，A.O. 著、三浦隆之訳、『組織社会の論理構造』ミネルヴァ書房、1975年※
（Hirschman, Albert O., *Exit, Voice, and Loyalty: Responses to*

・ゴールマン，ダニエル、ボヤツィス，リチャード、マッキー，アニー著、土屋京子訳、『ＥＱリーダーシップ：成功する人の「こころの知能指数」の活かし方』日本経済新聞社、2002年
・ゴーン，カルロス、リエス，フィリップ著、高野優訳、『カルロス・ゴーン　経営を語る』日本経済新聞社、2003年
・コッター，J.P. 著、金井壽宏ほか訳、『ザ・ゼネラル・マネジャー：実力経営者の発想と行動』ダイヤモンド社、1984年※
・コッター，J.P. 著、黒田由貴子訳、『リーダーシップ論：いま何をすべきか』ダイヤモンド社、1999年
・小林宏治著、『Ｃ＆Ｃは日本の知恵』サイマル出版会、1980年※

さ行
・佐渡裕著、『僕はいかにして指揮者になったのか』新潮社、2001年
・ジェニングス，ジェイソン、ホートン，ローレンス著、堤大介訳、邱永漢監訳、『ハイスピード・カンパニー：先んずれば制す時代の経営戦略』ダイヤモンド社、2001年
・塩野七生著、『わが友マキアヴェッリ：フィレンツェ存亡』中央公論社、1987年（中公文庫、1992年、新潮社、2001年）
・シャイン，E.H. 著、尾川丈一、片山佳代子訳、金井壽宏監訳、『企業文化―生き残りの指針』白桃書房、2004年
・シャイン，E.H. 著、清水紀彦、浜田幸雄訳、『組織文化とリーダーシップ：リーダーは文化をどう変革するか』、ダイヤモンド社、1989年※
・ジャニス，アーヴィング・J. 著、首藤信彦訳、『リーダーが決断する時：危機管理と意思決定について』日本実業出版社、1991年※
・シュレーグ，マイケル著、瀬谷重信、コラボレーション研究会訳、『マインド・ネットワーク：独創力から協創力の時代へ』

参考文献

（著者名五〇音順）

あ行

・伊丹敬之著、『人本主義企業：変わる経営、変わらぬ原理』筑摩書房、1987年

・今北純一著、『西洋の着想　東洋の着想』文藝春秋、1999年

・ウィルズ，ゲリー著、北沢栄訳、『リンカーンの三分間：ゲティスバーグ演説の謎』共同通信社、1995年

か行

・ガースナー，ルイス・V. 著、山岡洋一、高遠裕子訳、『巨象も踊る』日本経済新聞社、2002年

・金井壽宏著、『企業者ネットワーキングの世界：ＭＩＴとボストン近辺の企業者コミュニティの探求』白桃書房、1994年

・金井壽宏著、『経営組織』日本経済新聞社、1999年

・金井壽宏著、『仕事で「一皮むける」』光文社、2002年

・金井壽宏ほか編、『創造するミドル：生き方とキャリアを考えつづけるために』有斐閣、1994年

・金井壽宏著、『中年力マネジメント：働き方ニューステップ』創元社、1999年

・カンター，ロザベス・モス著、高井葉子訳、『企業のなかの男と女：女性が増えれば職場が変わる』生産性出版、1995年

・カンター，ロザベス・モス著、長谷川慶太郎監訳、『ザ・チェンジ・マスターズ：21世紀への企業変革者たち』二見書房、1984年※

・ゲーテ，J.W. 著、高橋義孝訳、『ファウスト　１』新潮社、1967年（『ファウスト　２』新潮社、1968年）（いずれも新潮文庫）

金井壽宏（かないとしひろ）

1954年神戸生まれ。京都大学教育学部卒業後、神戸大学大学院経営学研究科修士課程修了の後、ＭＩＴ経営大学院博士課程修了。現在神戸大学大学院経営学研究科教授。著書は、『変革型ミドルの探求』『企業者ネットワーキングの世界』（以上、白桃書房）、『ニューウェーブ・マネジメント』『中年力マネジメント』（以上、創元社）、『経営組織』（日経文庫）、『働くひとのためのキャリア・デザイン』（ＰＨＰ新書）、『仕事で「一皮むける」』（光文社新書）など多数。

組織《そしき》変革《へんかく》のビジョン

2004年8月20日初版1刷発行
2018年4月5日　7刷発行

著　者 ── 金井壽宏
発行者 ── 田邉浩司
装　幀 ── アラン・チャン
印刷所 ── 萩原印刷
製本所 ── ナショナル製本
発行所 ── 株式会社光文社
東京都文京区音羽1-16-6（〒112-8011）
https://www.kobunsha.com/
電　話 ── 編集部03（5395）8289　書籍販売部03（5395）8116
業務部03（5395）8125
メール ── sinsyo@kobunsha.com

 ISBN 978-4-334-03261-6

光文社新書

146 東京のホテル　富田昭次

147 絵を描く悦び　千住博の美術の授業　千住博

148 哈日族《ハーリーズー》　なぜ日本が好きなのか　酒井亨

149 墜ちない飛行機　安全なエアライン、機種を選ぶ　杉浦一機

150 座右のゲーテ　壁に突き当たったとき開く本　齋藤孝

151 「平和」の歴史　人類はどう築き、どう壊してきたか　吹浦忠正

152 「みんな」のバカ！　無責任になる構造　仲正昌樹

153 会社がイヤになった　やる気を取り戻す7つの物語　菊入みゆき

154 猫はなぜ絞首台に登ったか　東ゆみこ

155 リフォームを真剣に考える　失敗しない業者選びとプランニング　鈴木隆

156 ナンバの身体論　身体が喜ぶ動きを探求する　矢野龍彦　金田伸夫　長谷川智　古谷一郎

157 明治・大正・昭和 軍隊マニュアル　人はなぜ戦場へ行ったのか　一ノ瀬俊也

158 ローカル線ひとり旅　谷川一巳

159 世紀の誤審　オリンピックからW杯まで　生島淳

160 物語 古代ギリシア人の歴史　ユートピア史観を問い直す　周藤芳幸

161 組織変革のビジョン　金井壽宏

162 早期教育と脳　小西行郎

163 スナップ・ジャッジメント　瞬間読心術　内藤誼人

164 となりのカフカ　池内紀

165 ブッダとそのダンマ　B・R・アンベードカル　山際素男 訳